Mike Formum

Moderne Verfahren der Datenverschlüsselung unter beso[illegible]
des Internets

Bibliografische Information der Deutschen Nationalbibliothek:

Bibliografische Information der Deutschen Nationalbibliothek: Die Deutsche Bibliothek verzeichnet diese Publikation in der Deutschen Nationalbibliografie; detaillierte bibliografische Daten sind im Internet über http://dnb.d-nb.de/ abrufbar.

Druck und Bindung: Books on Demand GmbH, Norderstedt Germany
ISBN: 9783838608235

http://www.diplom.de/e-book/216728/moderne-verfahren-der-datenverschluesselung-unter-besonderer-beruecksichtigung

Mike Formum

Moderne Verfahren der Datenverschlüsselung unter besonderer Berücksichtigung des Internets

Diplom.de

Mike Formum

Moderne Verfahren der Datenverschlüsselung

unter besonderer Berücksichtigung des Internets

Diplomarbeit
an der Fachhochschule für Wirtschaft Berlin
September 1997 Abgabe

Diplomarbeiten Agentur
Dipl. Kfm. Dipl. Hdl. Björn Bedey
Dipl. Wi.-Ing. Martin Haschke
und Guido Meyer GbR

Hermannstal 119 k
22119 Hamburg

agentur@diplom.de
www.diplom.de

ID 823

ID 823
Formum, Mike: Moderne Verfahren der Datenverschlüsselung unter besonderer Berücksichtigung des Internets / Mike Formum · Hamburg: Diplomarbeiten Agentur, 1998
Zugl.: Berlin, Fachhochschule für Wirtschaft, Diplom, 1997

Dipl. Kfm. Dipl. Hdl. Björn Bedey, Dipl. Wi.-Ing. Martin Haschke & Guido Meyer GbR
Diplomarbeiten Agentur, http://www.diplom.de, Hamburg
Printed in Germany

Eidesstattliche Erklärung

Hiermit erkläre ich an Eides Statt, daß ich die vorliegende Diplomarbeit selbständig und ohne Hilfe verfaßt, andere als die angegebenen Quellen und Hilfsmittel nicht benutzt und die den benutzten Quellen wörtlich oder inhaltlich entnommenen Stellen als solche kenntlich gemacht habe.

Berlin, 13. September 1997

Mike Formum

Inhaltsverzeichnis

1 *Einleitung* ... *5*

2 *Einführung in die Terminologie der Kryptologie* ... *8*

3 *Grundlagen moderner Kryptographie* ... *10*

3.1 Mathematisches Modell ... 10

3.2 Grundprobleme kryptographischer Sicherheit ... 11

3.3 Grundtechniken von Algorithmen ... 12

3.3.1 Binäre Verschlüsselung ... 12

3.3.2 Einfaches XOR ... 13

3.3.3 Stromchiffren ... 15

3.3.4 Blockchiffren ... 16

3.4 Sicherheit und Kryptoanalyse ... 17

4 *Basistechniken der Kommunikation mit Kryptographie* ... *19*

4.1 Symmetrische Verfahren ... 19

4.1.1 Kryptographie mit privaten Schlüsseln ... 19

4.1.2 Der DES-Algorithmus ... 21

4.1.3 Der IDEA-Algorithmus ... 24

4.1.4 Der CAST-Algorithmus ... 25

4.2 Asymmetrische Verfahren ... 26

4.2.1 Kryptographie mit öffentlichen Schlüsseln ... 26

4.2.2 Der RSA-Algorithmus ... 28

4.3 Schlüssellose Verfahren ... 32

4.3.1 Einwegverschlüsselung ... 32

4.3.2 Hashfunktionen ... 32

4.3.3 Datenkomprimierung ... 37

5 *Aspekte sicherer Kryptographie* ... *39*

5.1 Paßwörter ... 39

5.2 Schlüsselmanagement ... 40

5.2.1 Schlüsselerzeugung ... 40

5.2.2 Schlüsselverteilung in symmetrischen Kryptosystemen ... 41

5.2.3 Schlüsselverteilung in asymmetrischen Kryptosystemen ... 43

5.2.4 Schlüsselzertifizierung ... 44

5.3 Probleme bei der Authentifizierung ... 45

6 Erweiterte kryptographische Techniken 47
6.1 Protokolle 47
6.2 Secret Splitting 47
6.3 Hybride Kryptosysteme 48
6.4 Diffie-Hellman-Verfahren 49
6.5 ElGamal-Verfahren 51
6.6 Fiat-Shamir-Protokoll 52
6.7 Digitale Unterschrift mit asymmetrischen Verfahren 53
6.8 Digitale Unterschrift mit Verschlüsselung 56
6.9 Blinde digitale Unterschrift 57
6.10 Digitales Geld 59

7 Moderne Anwendungen der Kryptographie 64
7.1 PGP 64
7.1.1 Beschreibung 64
7.1.2 Technik des Kryptosystems 64
7.1.3 Schlüsselerzeugung 67
7.1.4 Schlüsselzertifizierung 68
7.1.5 Schlüsselaustausch 71
7.1.6 Digitale Unterschriften 72
7.1.7 eMail mit PGP 73
7.2 DigiCash 74
7.2.1 Beschreibung 74
7.2.2 Technik des Kryptosystems 76
7.2.3 Zahlungsvorgänge mit ECash 76
7.3 Internet-Banking nach dem HBCI-Standard 78
7.3.1 Beschreibung 78
7.3.2 Die 3DES-Variante 79
7.3.3 Die hybride Variante 80
7.3.4 Schlüsselerzeugung 82
7.3.5 Schlüsselaustausch 82

8 Schlußbetrachtung 83

9 Anhang 85
9.1 Abbildungsverzeichnis 85
9.2 Literaturverzeichnis 86
9.3 Internet-Quellenangaben 87

1 Einleitung

Der Schutz vertrauenswürdiger Daten spielt zunehmend eine wichtige Rolle. Die moderne Informations- und Kommunikationstechnologie stellt den Gesellschaften Systeme zur Verfügung, die bisherige Verhaltensweisen von Menschen im wirtschaftlichen und sozialen Bereich stark verändern. Die Möglichkeiten, Dinge des täglichen Lebens auf elektronischem Wege abwickeln zu können, stehen mit Diensten wie eMail oder electronic Banking erst am Anfang einer gigantischen Entwicklung. Das Internet als offenes Rechnernetz entwickelt sich hierbei als das Netz der Netze, gerade weil es prinzipiell jedem Menschen weltweit zur Verfügung steht und damit globale Kommunikation und Information ermöglicht. Die Chancen, die das Netz damit in kommerzieller Hinsicht (Stichwort: „electronic commerce") bietet, sind enorm und die Auswirkungen werden ohne Zweifel weltverändernd sein. Aber die kommerzielle Nutzung wird sich nur dann durchsetzen können, wenn die Sicherheit der ausgetauschten Informationen gewährleistet werden kann.

Unter Sicherheit ist diesbezüglich der Schutz der Informationen vor unberechtigter Einsicht und oder Manipulation bei der Übertragung über einen elektronischen Kanal zu verstehen. Hierbei unterscheidet man zwischen offenen und geschlossenen Systemen, je nachdem, ob der Benutzerkreis nur bestimmte Personen umfaßt oder grundsätzlich jeder Teilnehmer dieses Rechnernetzes werden kann. Die Sicherheitsarchitektur in offenen Systemen ist ungleich schwieriger zu gestalten, schon allein deshalb, weil ein Mitarbeiter eines geschlossenen Firmennetzes bei entsprechenden Maßnahmen immer sicher identifiziert werden kann. Dennoch ist heutzutage eine Konvergenz der Rechnernetze zu beobachten. Die in einem Unternehmen vorliegenden Informationen müssen bei international operierenden Konzernen heute weltweit und schnell ausgetauscht werden und die Arbeitsergebnisse von Außendienstmitarbeitern finden tagesaktuell per Datentransfer Berücksichtigung in den Geschäftsprozessen. Hinzu kommt ein wachsender Informationsbedarf, um auf Veränderungen globalisierter Märkte schnell reagieren zu können. Dazu bietet sich die Vernetzung mit dem Internet mit seiner allgemein verfügbaren Infrastruktur und seinem Informationsangebot geradezu an.

Es ist grundsätzlich unerheblich, ob die Daten über eine öffentliche Telefonleitung, ein privates Netzdatenkabel, via Satellit, per Funk oder mit Hilfe von Datenträgern übermittelt werden, die Angriffe auf die Daten sind immer möglich und unterscheiden sich nur in ihrem technischen Aufwand. Der Schutz der zu übermittelnden Daten stellt ein Basiskriterium in Rechnernetzen dar. Hierbei setzen die Schutzmechanismen je nach Beschaffenheit des Rechnernetzes auf verschiedenen Ebenen an, diese lassen sich in organisatorische und technische Maßnahmen unterscheiden und sollten in gründlichen Sicherheitsarchitekturen gut geplant und umgesetzt werden.

In einem offenen Netz wie dem Internet ist das Grundproblem die Anonymität der Teilnehmer. Diese hat einerseits das Internet so populär gemacht, andererseits sind zu übertragende Nachrichten oder Informationen dem Grunde nach immer als unsicher einzustufen, da niemand sagen kann, ob der Absender einer Information wirklich derjenige ist, für den er sich ausgibt. Der Empfänger muß die Möglichkeit haben, eine Information als echt identifizieren zu können. Die einzige Möglichkeit, dies zu erreichen, besteht darin, die Daten selbst vor Angriffen zu schützen.

Für den Schutz der zu übermittelnden Daten gibt es zwei grundsätzliche Strategien: Die Verheimlichung der Daten, indem sie bei der Übermittlung getarnt werden, und die Verschlüsselung. Letztere ist Gegenstand der Betrachtung dieser Arbeit. Aufbauend auf die Grundlagen der Datenverschlüsselung werden moderne Konzepte für deren praktischen Einsatz bei der Datenkommunikation untersucht. Hierbei werden ausgesuchte Sicherungstechniken für kommerzielle Anwendungen des Internets vorgestellt.

Kapitel zwei erklärt zunächst die Terminologie. In Kapitel drei werden die Grundlagen und in Kapitel vier die Basistechniken der Datenverschlüsselung dargestellt. Hierbei werden die mathematischen Algorithmen beschrieben, die am bekanntesten sind und sich weit verbreitet im Einsatz befinden. Das Kapitel fünf behandelt die Grundprobleme beim Einsatz von Verschlüsselungsverfahren.

Aufbauend auf die Inhalte der Kapitel drei bis fünf stellt Kapitel sechs praktische Techniken vor, die problemlösend in der offenen Datenkommunikation mit Hilfe der Datenverschlüsselung realisierbar sind.

Das Kapitel sieben befaßt sich schließlich mit drei repräsentativ ausgewählten Anwendungen, die mit Hilfe der dargestellten Prinzipien und Möglichkeiten der Datenverschlüsselung insbesondere im Internet verwendet werden. Für den Bereich elektronische Post wird das Softwareprogramm PGP vorgestellt, welches wegen seiner großen Beliebtheit ausgewählt wurde. Als zweites Beispiel wird das Konzept der Firma DigiCash zum elektronischen Zahlungsverkehr untersucht, das realer Zahlungsweise mit Bargeld sehr nahe kommt. Ferner sind die von David Chaum gelegten Grundlagen für das Funktionieren elektronischen Geldes hier umgesetzt worden. Es lag deshalb nahe, dieses Produkt für die Untersuchung auszuwählen. Schließlich wird für den Bereich des Internet-Banking der neue Standard HBCI als drittes Beispiel betrachtet. Dieser Standard soll bisherige Eigenlösungen der Banken in Deutschland ablösen.

Am Schluß der Arbeit werden die Ergebnisse in Kapitel acht zusammengefaßt. Die dargestellten Verfahren werden resümierend im Gesamtzusammenhang des Hauptzwecks betrachtet, für den Datenverschlüsselung eingesetzt wird: die Gewährleistung von Sicherheit in der Datenkommunikation.

2 Einführung in die Terminologie der Kryptologie

Die Kryptographie und die Kyptoanalyse werden unter dem Begriff der *Kryptologie* zusammengefaßt.

Die Wissenschaft über die Methoden der Ver- und Entschlüsselung von Informationen nennt man *Kryptographie.* Das Ziel der Kryptographie ist es zu gewährleisten, daß eine verschlüsselte Information für Unbefugte weder lesbar noch unbemerkt veränderbar ist. Moderne kryptographische Verfahren bedienen sich hierzu der *Kryptosysteme*, die mit einem mathematischen Algorithmus und mindestens einem Schlüssel arbeiten. Damit kann jeder beliebige Klartext verschlüsselt werden. Die mathematische Umkehrung des Algorithmus ist für die Entschlüsselung erforderlich. Jedes Kryptosystem besteht aus vier Komponenten[1]:

- Dem zu verschlüsselnden Klartext
- Dem verschlüsselten Text
- Dem mathematischen Algorithmus, mit einer Verschlüsselungsfunktion und einer Entschlüsselungsfunktion
- Dem Schlüssel

Für die Begriffe „verschlüsseln" bzw. „entschlüsseln" werden Bezeichnungen wie *chiffrieren* bzw. *dechiffrieren* und *kodieren* bzw. *dekodieren* synonym verwendet. Der Schlüssel wird auch als *Key* bezeichnet.

Das Gegenstück der Kryptographie ist die *Kryptoanalyse.* Hierbei wird versucht, durch Angriffe (*Attacks*) die kodierte Information ohne Kenntnis des Schlüssels zu brechen. Der Entschlüsselungsalgorithmus ist entweder bekannt oder wird unterstellt. Nach dem Prinzip von Kerckhoffs[2] darf die Sicherheit eines Kryptosystems nicht von der Geheimhaltung des Algorithmus abhängen. Die Sicherheit gründet sich nur auf die Geheimhaltung des Schlüssels. Hierbei bezeichnet man den Bereich aller möglichen Schlüssel als Schlüsselraum.

---

[1] Vgl. Garfinkel (1996), S. 37

[2] Vgl. Beutelspacher (1996), S. 23

Kryptosysteme finden heute vor allem dann Akzeptanz, wenn der Algorithmus wissenschaftlich durchleuchtet werden kann und dennoch seine Sicherheit unter Beweis stellt. In der Prüfung der Sicherheit von Kryptosystemen liegt das Wesen der Kryptoanalyse.

In Abgrenzung zur Kryptologie versucht die *Steganographie* die Existenz einer Information zu verschweigen, was durch Verstecken der Nachricht in anderen Nachrichten erreicht wird. Die gerade in Mode kommende digitale Steganographie[3] benutzt hierzu Algorithmen, die Informationen in Textdateien, Video-Clips oder Audioaufnahmen so hereinrechnet, daß sie für den nicht informierten Betrachter bzw. Zuhörer nicht erkennbar sind. Neben der versteckten Nachrichtenübermittlung hilft die Steganographie, in Form von digitalen Wasserzeichen und Informationen über Copyright Dokumente vor unerlaubter Vervielfältigung zu schützen. Die Kombination von Kryptologie und Steganographie, also das Verstecken verschlüsselter Nachrichten in Trägernachrichten, ist nicht Gegenstand dieser Arbeit, sie kann aber künftig im Internet eine wesentliche Rolle spielen. Durch Verschweigen der Existenz können beispielsweise zu übertragende sensible Benutzerdaten zusätzlich geschützt werden.

[3] Vgl. Rink (1997), S. 330

3 Grundlagen moderner Kryptographie

3.1 Mathematisches Modell

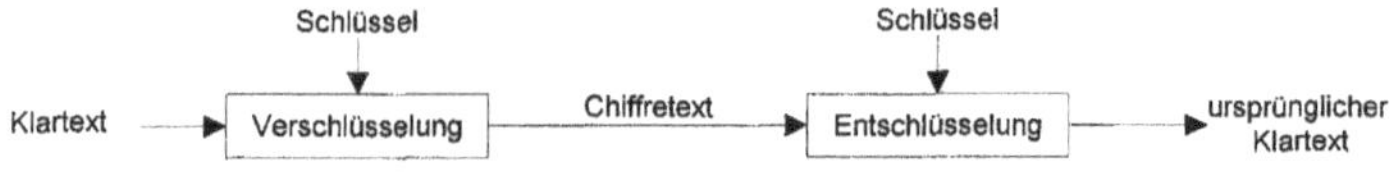

Abbildung 3-1: Schema der Ver- und Entschlüsselung von Nachrichten

Gewöhnlich wird die Menge aller zu verschlüsselnden Klartexte mit m (message), die Verschlüsselungsfunktion des Algorithmus mit E (encryption), die Entschlüsselungsfunktion mit D (decryption), der verschlüsselte Text mit c (Chiffrat) und der Schlüssel mit k (key) abgekürzt.[4] Somit lassen sich folgende mathematischen Zusammenhänge formulieren:

Verschlüsselungsfunktion: $E_k(m) = c$

Entschlüsselungsfunktion: $D_k(c) = m$

Durch Einsetzen der ersten Gleichung in die zweite ergibt sich:

$$D_k(E_k(m)) = m$$

In jedem funktionierenden Kryptosystem heben sich Ver- und Entschlüsselungsfunktion gegeneinander auf und führen zum ursprünglichen Klartext m. Dabei wird für beide Funktionen entweder derselbe Schlüssel verwendet oder es gibt zwei unterschiedliche, die als Chiffrier- bzw. Dechiffrierschlüssel bezeichnet werden.

[4] Vgl. Schneier (1996), S. 2 ff.

3.2 Grundprobleme kryptographischer Sicherheit

Mit der Geheimhaltung von Nachrichten kann man sich durch Verschlüsselung gegen passive Angriffe schützen, d. h. gegen ein einfaches Mitlesen der Nachricht durch unberechtigte Personen. Damit ist jedoch nicht ausgeschlossen, daß ein aktiver Angreifer die Nachricht abfängt und verändert, und zwar so, daß sowohl Sender wie Empfänger dies nicht bemerken. Es handelt sich hierbei um einen *Man-In-the-Middle-Angriff.* Dieser ist bei Kenntnis des verwendeten Schlüssels einfach möglich.

Kommt ein Angreifer durch Diebstahl unbemerkt in Besitz des Schlüssels, so wird klar, daß diese Situation weitaus schlimmer sein kann, als wenn er unverschlüsselte Nachrichten bloß mitliest, denn durch die Möglichkeit der unbemerkten Veränderung von Nachrichten kann er erheblichen Schaden anrichten.

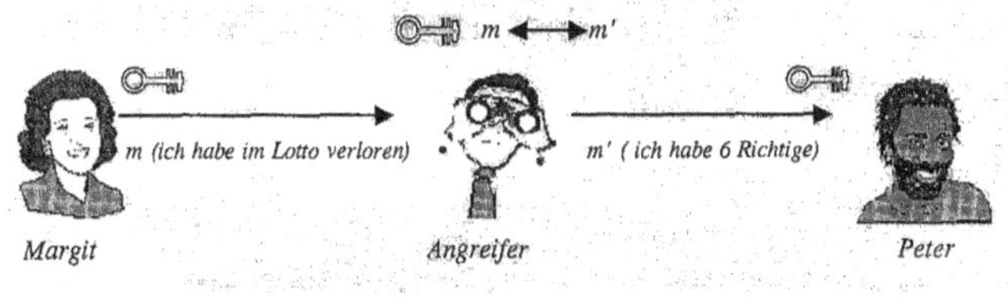

Abbildung 3-2: Man-in-the-Middle-Angriff

Der Angreifer kann mit dem gestohlenen Schlüssel jede kodierte Nachricht m entschlüsseln und sogar in m' verändern. Der Betrug wird von Peter und Margit unter Umständen nicht sofort bemerkt. Das Dilemma in dieser Situation ist, daß Peter überhaupt keine Möglichkeit hat, die wahre Identität des Absenders zu überprüfen. Ebensowenig kann er feststellen, ob die Nachricht verändert worden ist.

Es lassen sich folgende Grundprobleme[5] ableiten, die in offenen Kommunikationssystemen gelöst werden müssen:

- *Authentizität:* Mit ihr soll sichergestellt werden, daß der Sender oder Empfänger auch derjenige ist, für den er sich ausgibt.

[5] Vgl. Pommerening (1996), http://www.uni-mainz.de/~pommeren/DSVorlesung/Begriffe.html

- *Integrität:* Die Daten dürfen während Ihres Transports nicht verändert werden.
- *Verbindlichkeit:* Es muß Unbestreitbarkeit von Inhalt und Urheberschaft bestehen. Dies ist die Voraussetzung für rechtsgültige Verträge.
- *Vertraulichkeit:* Darunter versteht man die Geheimhaltung von Nachrichten; nur der Empfänger darf die Nachricht lesen können.

Nicht in allen Anwendungsfällen der elektronischen Kommunikation müssen alle Problemfelder zusammen gelöst werden. Es ist oft wichtiger, daß der Empfänger einer Nachricht diese als echt authentifizieren kann, als daß die Nachricht verschlüsselt wird. Bestätigt eine Hausbank nicht weiter spezifiziert einen ausgeführten Auftrag an einem bestimmten Tag, so wird der Beweis der Authentizität und Integrität der Nachricht in der Regel genügen, auf die Vertraulichkeit der Nachricht kann verzichtet werden.

Zusammenfassend ist festzuhalten, daß die Anwendung moderner kryptographischer Verfahren weitaus mehr als nur die Geheimhaltung von Nachrichten bedeutet. Die Aufgabe besteht schließlich darin, die aufgezeigten Probleme bei der Kommunikation in offenen Systemen zu lösen.

3.3 Grundtechniken von Algorithmen

3.3.1 Binäre Verschlüsselung

Die klassischen Chiffren arbeiten zeichenorientiert, d. h. es werden Zeichen oder Zeichenketten des Klartextes gegen andere Zeichen ersetzt. Als Ersetzungsvorlage diente früher oft ein Buch, von dem Sender und Empfänger die gleiche Ausgabe besitzen mußten, damit Ver- und Entschlüsselung auch funktionierte. Derartige Algorithmen heißen deshalb auch *Substitutionschiffren.*

In der Computertechnik wird ein Zeichen durch ein Byte dargestellt. Ein Byte besteht aus acht Bits, wobei jedes Bit die Information *1* oder *0* annehmen kann, entsprechend seinem physikalischen Zustand, Spannung anliegend oder nicht anliegend. Aus der Kombination aller acht Bits ergeben sich $2^8=256$ Darstellungsmöglichkeiten. Es lassen sich sämtliche Buchstaben eines Alphabets, sämtliche Ziffern und darüber hinaus noch Sonderzeichen einem bestimmten Bitmuster eineindeutig zuordnen.

Diese Zuordnungen sind für alle existierenden Computertypen festgelegt, beim Personalcomputer heißt diese Festlegung ASCII-Code.

Moderne Verschlüsselungsalgorithmen machen sich diese Tatsache zunutze und arbeiten verfeinernd anstelle von Zeichen- auf Bitebene. Der Klartext wird der Bitfolge nach umgesetzt, man bezeichnet dies als Bitstrom-Verschlüsselung. Da die Basis die beiden Bitinformationen *0* und *1* darstellen, spricht man auch von binärer Verschlüsselung.

Die Verschlüsselung eines Zeichens in acht Bits nennt man Charakter- oder String-Darstellung, da sich das Zeichen praktisch in einem direkt ablesbar und abdruckbar kodierten Zustand befindet. Die Zahl *10* wird beispielsweise im ASCII-Code abdruckbar in 16 Bits wie folgt dargestellt: *0011 0001 0011 0000.*

Computerarithmetik verwendet zum Rechnen mit Zahlen aber eine kürzere binäre Darstellung. Die Wertigkeiten werden hier im dualen Zahlensystem zur Basis zwei dargestellt. Die Zahl *10* stellt sich somit in nur vier Bits binär *1010* dar, es bedeutet: $(1 \cdot 2^3) + (0 \cdot 2^2) + (1 \cdot 2^1) + (0 \cdot 2^0) = 8 + 0 + 2 + 0 = 10$

Es gibt zwei Möglichkeiten, wie kryptographische Algorithmen funktionieren: Entweder arbeiten sie auf Basis der logischen Bitverknüpfung, indem sie einzelne Bits umsetzen oder vertauschen, oder sie setzen mathematische Formeln ein, die eine gewisse Anzahl von Bits als duale Zahl interpretieren und mit diesen rechnen können. Algorithmen auf Bitverknüpfungsbasis arbeiten viel schneller, da echte Rechenoperationen im Computer wesentlich mehr Zeit kosten als boolesche Operationen[6] durchzuführen. Dieser Unterschied spielt für die Auswahl einzusetzender Kryptosysteme eine entscheidende Rolle.

3.3.2 Einfaches XOR

Durch Verknüpfung eines Bitwertes des Klartextes mit einem Bitwert des Schlüssels wird für den zu verschlüsselnden Text ein neuer Bitwert erzeugt. Die Grundlage aller Verknüpfungsfunktionen ist die boolesche Operation XOR *(exclusive or)*. Die Verknüpfungsregeln sind einfach:

$$0 \oplus 0 = 0 \qquad 1 \oplus 1 = 0 \qquad 1 \oplus 0 = 1 \qquad 0 \oplus 1 = 1$$

[6] Die logische Bitverknüpfung vollzieht sich nach den booleschen Rechenregeln. Diese werden im folgenden Kapitel erklärt.

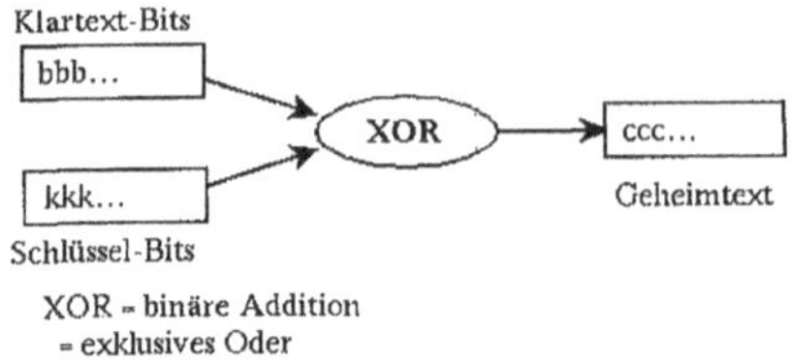

Abbildung 3-3: Prinzip der XOR-Verknüpfung[7]

Der Buchstabe *A* wird beispielsweise durch die Bitkombination *1000 0001*, der Buchstabe *f* durch *1100 0110* binär dargestellt. Das Wort *AfA* ergibt somit das Bitmuster *1000 0001 1100 0110 1000 0001*. Das Schlüsselwort *BWL* hat das Bitmuster *1000 0010 0101 0111 0100 1100*.

Durch einfache Anwendung der Funktion XOR unter Verknüpfung von Klartext und Schlüssel ergibt sich der Geheimtext:

Klartext:	*AfA*	*1000 0001*	*1100 0110*	*1000 0001*
Schlüssel:	*BWL*	*1000 0010*	*0101 0111*	*0100 1100*
Geheimtext:	...	*0000 0011*	*1001 0001*	*1100 1101*

Ver- und Entschlüsselungsfunktion sind hier identisch. Jeder Besitzer des Schlüssels kann dieselbe Funktion auf den Geheimtext anwenden und erhält den Klartext. Zu beachten ist, daß hier die Kenntnis des Klartextes und des Geheimtextes ausreicht, um auch den Schlüssel zu ermitteln, denn die XOR-Operanden sind beliebig vertauschbar. Dieses Prinzip, aus einem Stück Klartext und dazugehörendem Chiffretext auf den Schlüssel zu schließen, ist eine Methode der Kryptoanalyse.

Absolute Sicherheit

Es gibt das perfekt sichere Chiffriersystem, es ist das sog. *One-Time-Pad*. Besteht für die XOR-Verknüpfung der Schlüssel aus zufälligen Bitfolgen *0* und *1* und ist er genauso lang wie die zu übermittelnde Nachricht, erzeugt man immer einen völlig willkürlichen Chiffretext, der mit keiner Methode der Kryptoanalyse zu brechen ist.

[7] Pommerening (1996), http://www.uni-mainz.de/~pommeren/DSVorlesung/bitstrom.html

Der entscheidende Nachteil ist allerdings, daß der Schlüssel (das Pad) in der Anzahl der Bits genauso lang sein muß, wie die Nachricht selbst und deshalb höchstwahrscheinlich nur einmal verwendet werden kann. Demzufolge hat man bei jeder Nachricht das Problem, vorher das Pad sicher austauschen zu müssen. Steht aber ein sicherer Kanal zur Verfügung, kann man die Nachricht unverschlüsselt sicher übermitteln und sich den Aufwand sparen.

In der Praxis wird der Klartext immer länger sein als der verwendete Schlüssel, es wird deshalb prinzipiell der Schlüssel für folgende umzusetzende Bits einfach wiederholt. Moderne Algorithmen machen die Bitverknüpfung allerdings viel geschickter. Dies wird in den beiden folgenden Kapiteln beschrieben.

3.3.3 Stromchiffren

Als Stromchiffren oder sequentielle Chiffren werden Verschlüsselungsalgorithmen bezeichnet, bei denen je ein Bit des Schlüsselstroms und des Klartexts auf ein Bit des Chiffrats abgebildet werden. Der Benutzerschlüssel dient hierbei als Initialwert und eine innere Funktion des Verschlüsselungsalgorithmus generiert einen sich ständig ändernden Schlüsselstrom, der sich im Idealfall niemals wiederholt. Damit wird eine variable Verschlüsselung auch gleicher Klartexte erreicht. Wenn der Schlüsselstrom geheim ist und eine pseudozufällige Verteilung von Nullen und Einsen enthält, ist das verschlüsselte Resultat brauchbar. Das heißt, der Klartext „schimmert" nirgends durch und einfache statistische Analysen des Chiffretextes sind wirkungslos.

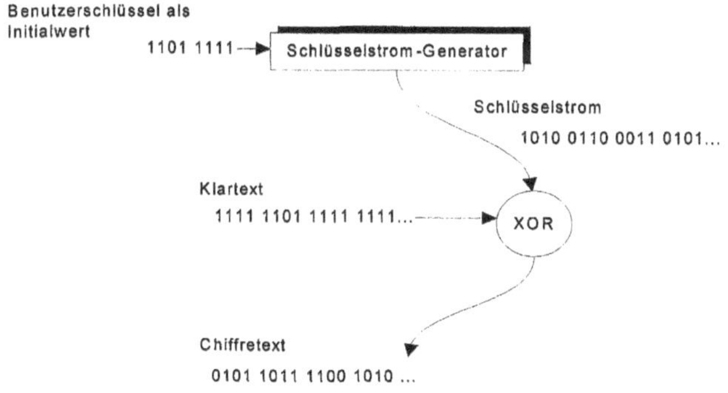

Abbildung 3-4: Stromchiffre-Verschlüsselung

Die Sicherheit des Systems ist allein vom Schlüsselstromgenerator abhängig. Liefert der Generator einen endlosen Strom von echten Zufallsbits, was bedeutet, daß die Werte *0* und *1* gleichverteilt auftreten, so liegt ein One-Time-Pad und damit absolute Sicherheit vor. Im Idealfall arbeitet der Generator also unvorhersagbar.

3.3.4 Blockchiffren

Eine Blockchiffrierung bearbeitet den Datenstrom nicht Bit für Bit wie das Schlüsselstromverfahren, sondern blockweise; typische Blockgrößen sind 64 Bits (8 Byte) oder 128 Bits (16 Byte). Der Algorithmus erhält als Eingabe einen Klartextblock und den Schlüssel. Der Schlüssel kann, muß aber nicht für jeden Datenblock ein anderer sein. Er muß aber so lang sein, daß potentiellen Angreifern das systematische Ausprobieren nahezu unmöglich gemacht wird. Als Ausgabe erhält man den verschlüsselten Chiffreblock, wobei die Längen von Aus- und Eingabeblock übereinstimmen. Bei Verwendung des gleichen Schlüssels führt die Kodierung desselben Klartextblocks im Gegensatz zur Stromchiffrierung immer zum gleichen Chiffretextblock. Blockchiffren gehören wie die Stromchiffren zur Klasse der Substitutionschiffren.

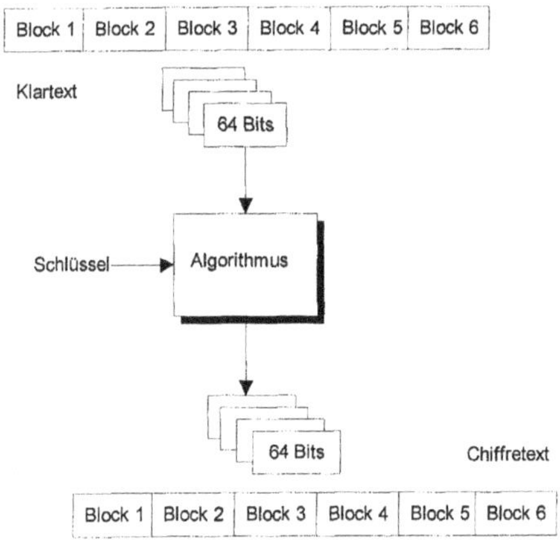

Abbildung 3-5: Blockchiffre-Verschlüsselung

Für die Qualität der Verschlüsselung ist der Algorithmus verantwortlich. Dessen Idealverhalten hängt von der Güte folgender Designkriterien ab[8]:

- Es liegt eine vollständige Funktion zugrunde, d. h. ein Outputbit ist das Ergebnis einer Operation aller Inputbits, daraus folgt, daß kein Outputbit linear von einem Inputbit abhängen darf.
- Die Änderung eines Bits im Eingangsblock muß im Mittel die Hälfte der Outputbits ändern; jedes Ausgangsbit muß sich dabei also mit der Wahrscheinlichkeit von 50 Prozent ändern. Diese Eigenschaft bezeichnet man als *Avalanche-Effekt*.
- Ein Vergleich von Eingangs- und Ausgangsblock darf nicht zur Berechnung des Schlüssels oder anderer Blöcke führen.

Um diese Bedingungen erfüllen zu können, muß der Algorithmus in hohem Maße nichtlinear und komplex sein. Dies bedeutet, daß er zur Verhinderung von erfolgreichen Angriffen, ebenso wie der Schlüsselstromgenerator, unvorhersagbar arbeiten muß.

3.4 Sicherheit und Kryptoanalyse

Für den Einsatz eines Kryptosystems ist dessen Sicherheit unabdingbare Voraussetzung, ansonsten kann man sich den Rechenaufwand sparen. Was Sicherheit bedeutet, ist nicht eindeutig. Fumy unterscheidet zwischen theoretischer, praktischer und beweisbarer Sicherheit[9]. Die theoretische Sicherheit geht grundsätzlich davon aus, daß ein Geheimtext ein bestimmtes Maß an Informationen enthält, die auf den verwendeten Schlüssel schließen lassen, und bezeichnet dieses Maß als Entropie der Nachricht. Führt die häufige Anrede *„Peter“* in einem Geheimtext immer zu demselben Bitmuster, kann ein für einen Kryptoanalytiker wesentlicher Teil von Informationen des Klartextes wiederhergestellt werden. Ein Algorithmus, welcher diese Eigenschaften besitzt, hat eine geringe Entropie. Ein Algorithmus ist um so schwieriger zu knacken, je größer seine Entropie ist.

Ideal ist es, die Sicherheit eines Algorithmus mathematisch genau zu beweisen, aber dies ist schwierig.

---

[8] Vgl. Fumy (1994), S. 179
[9] Vgl. Fumy (1994), S. 85 - 101

Moderne Algorithmen verwenden Funktionen, deren Sicherheit auf mathematische Phänomene beruhen, die man sich zunutze machen, deren Eigenschaften man aber nicht beweisen kann. Ein Beispiel dafür sind sogenannte Einwegfunktionen, die in Kapitel vier beschrieben werden. Die Sicherheit solcher Funktionen beruht darauf, daß es bis heute niemandem gelungen ist, einen Rechenweg zu finden, die Funktion $f(x)=y$ in $f'(y)=x$ umzukehren.

Die praktische Sicherheit gibt an, ob es möglich ist, mit Methoden der Kryptoanalyse einen Algorithmus zu brechen. Hierbei unterscheidet man zwischen linearer und differentieller Kryptoanalyse sowie der *Brute-Force-Methode*, dem Ausprobieren sämtlicher Schlüsselkombinationen. Die bei Blockchiffren mögliche lineare Kryptoanalyse wurde bereits im Zusammenhang mit der XOR-Verknüpfung genannt. Aus der Kenntnis von einem Block Klartext und entsprechendem Chiffrat versucht man, Rückschlüsse auf den Chiffrierschlüssel zu ziehen. Die differentielle Kryptoanalyse geht dabei weiter, indem sie die Differenzen mehrerer Klartextblöcke und Chiffreblöcke nebeneinander stellt und mit Hilfe der Wahrscheinlichkeitsrechnung versucht, den Schlüssel zu ermitteln.

Algorithmen, die resistent gegen lineare oder differentielle Kryptoanalyse sind, gelten als sicher, wenn auch die Brute-Force-Methode keine Aussicht auf Erfolg bietet. Brute-Force meint „brutale Gewalt"; ein Angriff, bei dem der Angreifer idealerweise mindestens einen Block Klar- und Chiffretext kennt und durch Probieren sämtlicher Bit-Kombinationsmöglichkeiten des Schlüssels diesen zu ermitteln versucht. Ist die Schlüssellänge n, so beträgt die Anzahl der Kombinationsmöglichkeiten 2^n, die Wahrscheinlichkeit eines Treffers liegt bei $2^n/2$. Je größer die Schlüssellänge ist, desto länger dauert das Durchrechnen der Kombinationsmöglichkeiten bis zum Treffer. Und genau hierauf beruht die praktische Sicherheit. Ist es nach dem heutigen Stand der Technik und des Wissens unmöglich, selbst mit den leistungsfähigsten Computern der Welt eine Schlüsselberechnung in absehbarer Zeit durchzuführen, bezeichnet man dies als „praktische Unmöglichkeit". Der „absehbare Zeitraum" ist dabei sehr vorsichtig zu wählen, denn in der heutigen Zeit verdoppeln sich die Rechenleistungen etwa alle zwei Jahre. Ihn festzulegen wäre reine Spekulation, denn niemand kann vorhersagen, ob es in 15 Jahren einen Superrechner mit neuer Technologie gibt, der die heute weltweit verfügbare Rechenleistung aller Rechner in sich vereint.

Insofern ist es konsequent, wenn sich die Betrachtungen des Zeitraumes in astronomischen Bereichen wiederfinden: Bei einer Schlüssellänge von 56 Bits (7 Byte) gibt es 2^{56} mögliche Schlüssel. Um diesen Schlüsselraum komplett zu berechnen, braucht ein Computer unter der Annahme, eine Million Schlüsselkombinationen pro Sekunde durchprobieren zu können, immerhin 2285 Jahre. Ist der Schlüssel 112 Bits lang, dauert es bereits 10^{20} Jahre. Das ist ein Zeitraum, der länger ist, als das Alter des Universums[10] (etwa 10^{10} Jahre).

4 Basistechniken der Kommunikation mit Kryptographie

4.1 Symmetrische Verfahren

4.1.1 Kryptographie mit privaten Schlüsseln

Bei symmetrischen Verfahren arbeiten Ver- und Entschlüsselungsfunktion des mathematischen Algorithmus mit demselben Schlüssel. In der Praxis einigen sich Sender und Empfänger auf ein zu verwendendes Kryptosystem und vereinbaren einen gemeinsamen Schlüssel. Da dieser Schlüssel Unbeteiligten keinesfalls zugänglich gemacht werden darf, spricht man auch von Kryptographie mit geheimen oder privaten Schlüsseln.

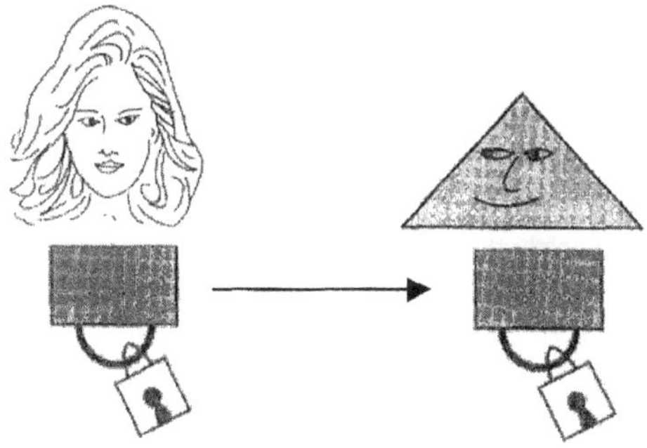

Abbildung 4-1: Koffermodell symmetrischer Kryptographie

[10] Vgl. Schneier (1996), S. 21

Das Koffermodell illustriert die Vorgehensweise. In dem Koffer befindet sich die Nachricht. Der Koffer wird von dem Sender mit einem Schloß verriegelt und an den Empfänger geschickt. Das Schloß verhindert, daß jemand den Koffer öffnen kann. Die Nachricht ist damit geschützt. Der Empfänger besitzt eine identische Kopie des Schlüssels und kann den Koffer öffnen.

Eine Schwachstelle dieses Verfahrens ist die benötigte Schlüsselmenge, die mit Zunahme der Teilnehmer erheblich wächst. Wollen die drei Personen Margit, Peter und Mike miteinander kommunizieren, so werden gerade drei Schlüssel benötigt, es ergeben sich die Verbindungen Mike ➔ Peter, Margit ➔ Peter sowie Mike ➔ Margit.

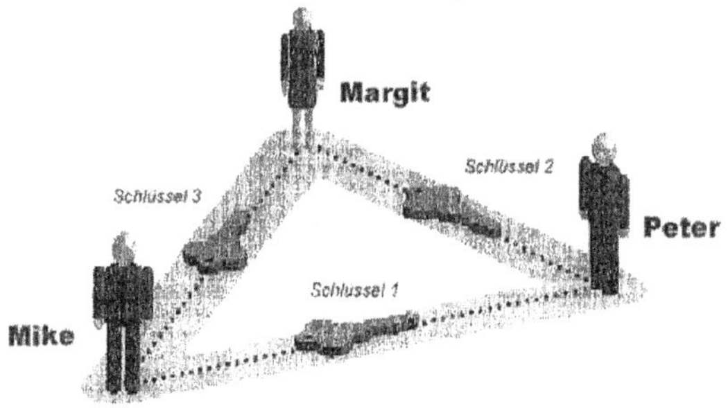

Abbildung 4-2: Kryptographie mit privaten Schlüsseln

Bei fünf Personen sind bereits zehn Schlüssel erforderlich, für 1000 Personen ergeben sich 499.500 Schlüssel. Die Anzahl der benötigten Schlüssel berechnet sich nach der Formel $(n)(n-1)/2$. Ein weiteres Problem symmetrischer Verfahren liegt in dem sicheren Schlüsselaustausch. Wie will man mit einem Partner in den USA einen Schlüssel ohne Risiko vereinbaren, wenn nicht bereits ein gesicherter Mechanismus existiert? Eine Möglichkeit, beide Schwachstellen zu umgehen, ist die Installation zentraler Schlüsselverteilzentralen. Damit beschäftigt sich Kapitel fünf.

4.1.2 Der DES-Algorithmus

Die Entwicklung des *Data Encryption Standard* (DES) geht auf eine Initiative des US-Wirtschaftsministeriums aus dem Jahre 1972 zurück, welche das Ziel der Normung eines Verschlüsselungsstandards verfolgte. Der DES ist auch unter der Bezeichnung Datenverschlüsselungsstandard *(DVS)* bekannt. Basierend auf einen Vorschlag von der Firma IBM wurde der DES nach einer Reihe von Modifikationen am 15.01.1976 von der damaligen amerikanischen Behörde NBS (*National Bureau of Standards*, das heutige *National Institute of Standards and Technologie*) veröffentlicht und stellt bis heute einen weltweiten Standard dar.

Der DES ist ein Blockchiffre, der seine Daten in 64-Bit-Blöcken verschlüsselt, ein 64-Bit-Block Klartext ergibt einen 64-Bit-Block Chiffretext. Da für Ver- und Entschlüsselung derselbe Key verwendet wird, handelt es sich um einen symmetrischen Blockchiffre. Von 64 Bits Schlüssellänge werden intern nur 56 Bits verwendet, die übrigen acht Bits werden als Paritätbits zur Plausibilitätsprüfung des Schlüssels verwendet. Der Algorithmus verschlüsselt jeden Block in 16 Runden (Iterationen).

Sicherheit des DES

Die Aufwandsabschätzung für einen möglichen Angreifer geht vom pessimistischen Fall aus, daß der Analytiker Kenntnis über ein zusammengehörendes Paar aus Klartext und Chiffrat besitzt. Die primitivste Form eines möglichen Angriffs besteht dann im Ausprobieren aller Schlüsselkombinationen. Davon gibt es 2^{56}, wobei man statistisch nach der Hälfte aller möglichen Schlüssel zum Ziel gelangen würde. Nimmt man im Gegensatz zu Fumy[11] für die Durchführung einer kompletten DES-Schlüsselberechnung mit einem sehr schnellen Prozessor vorsichtig etwa eine Mikrosekunde an, so errechnet sich für das statistische Mittel immerhin noch ein Zeitraum von 1158 Jahren[12]; eine Beschleunigung wäre durch eine Parallelisierung mehrerer Chips erreichbar.

---

[11] Vgl. Fumy (1994), S. 243: Nach damaligem technischen Stand veranschlagte er für eine Schlüsselberechnung noch eine Millisekunde, wobei er zur Berechnung aller Schlüssel mehr als eine Million Jahre veranschlagt.

[12] Es handelt sich hierbei um eine günstige Schätzung; vgl. auch Kapitel 3.4, Sicherheit und Kryptoanalyse, S.20.

Effektiver erscheinen komplexe kryptoanalytische Methoden. Aufgrund der Iterationstiefe des DES beanspruchen aber die bisher bekannten Verfahren nach Aussage von Fumy und Schneier[13] einen mindestens ebenso hohen Aufwand wie die Schlüsselsuche nach der Brute-Force-Methode. Trotz vieler Überlegungen ist laut Muftic[14] ein durchführbares Verfahren zur Berechnung des Schlüssels bis heute nicht entwickelt worden. Viele Vorschläge lassen erkennen, daß gerade die Iterationstiefe (16 Runden) und das innere Design des Algorithmus trotz der mittlerweile als zu gering eingeschätzten Schlüssellänge die Sicherheit des DES ausmachen.

Garfinkel hält demgegenüber die Schlüssellänge für zu gering[15]. Er schätzt, daß ein universitätsweites Computernetz im Jahr 2000 mit 3,2 Milliarden Schlüsselberechnungen pro Sekunde dazu im Stande ist, einen 56-Bit-DES in weniger als einem Jahr zu knacken. Natürlich hat kaum jemand diese Rechenkapazität im Direktzugriff, von praktischer Unmöglichkeit kann unter dieser Annahme aber keine Rede mehr sein. Unter diesem Gesichtspunkt sollte man bei Neuimplementierungen die ebenfalls mögliche Schlüssellänge von 128 Bits wählen, die aus heutiger Sicht bei 2^{128} Schlüsselkombinationen unvorstellbar lange Sicherheit garantieren dürfte[16].

Es gibt Weiterentwicklungen, die mit größeren Schlüsselräumen und verändertem Algorithmusdesign arbeiten. 3DES (auch *TripleDES*) kann mit 128- oder 168-Bit-Schlüsseln eingesetzt werden und verschlüsselt jeden Klartextblock dreifach.

Arithmetik des DES

Standard-DES verwendet im wesentlichen 16 Iterationen einer aus Substitution und Permutation aufgebauten Ver- beziehungsweise Entschlüsselungsoperation. Die Substitution ersetzt Bitmuster durch andere Bitmuster in Abhängigkeit von einer Funktionstabelle; die Permutation vertauscht die Position einzelner Bits im Datenblock. Eine Eingangspermutation transformiert zunächst die 64 Eingangsbits. Anschließend durchlaufen diese Daten 16 Runden einer bitweisen XOR-Verknüpfung und einer Substitutionsfunktion. Abschließend wird eine umgekehrte Eingangspermutation durchgeführt.

---

[13] Vgl. ausführliche Darstellung bei Fumy (1994), S. 242 - 248, u. Schneier (1996), S. 325 - 342

[14] Vgl. Muftic (1992), S. 40

[15] Vgl. Garfinkel (1996), S. 75 - 78

[16] Vgl. Kapitel 3.4, S. 17 - 19, Sicherheit und Kryptoanalyse

Die linearen Ein- und Ausgangspermutationen tragen nichts zur Kryptosicherheit des Algorithmus bei[17].

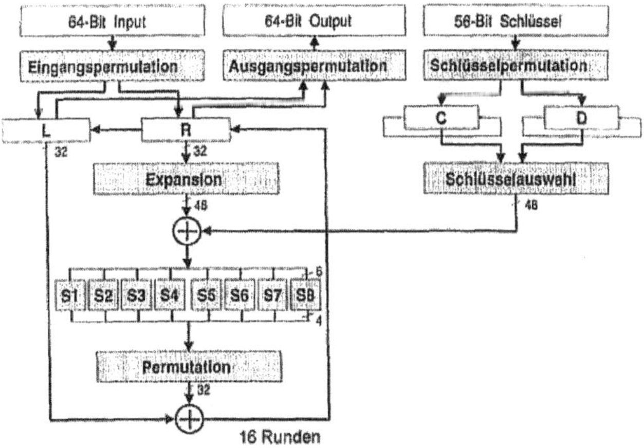

Abbildung 4-2: Schema des DES-Algorithmus[18]

Der kryptographisch interessante Teil steckt in der Substitutionsfunktion, die im wesentlichen aus acht Substitutionstabellen, den sogenannten S-Boxen (S_1 – S_8), besteht. Das Design dieser nichtlinearen S-Boxen stellt die zentrale Bedeutung für die Sicherheit des Algorithmus dar und ist im Standard genau festgelegt.

Der Eingangsvektor der Substitution entsteht durch XOR-Verknüpfung der Daten mit einem in jeder Runde wechselnden Schlüssel. Die dazu notwendigen 16 Schlüssel werden aus einem 56-Bit-Vektor generiert, der den eigentlichen Schlüssel der DES-Operation darstellt. Die Erzeugung der Teilschlüssel aus dem externen Schlüssel ist fester Bestandteil des Algorithmus und geschieht mittels einer Permutation und einer 16stufigen Verschiebeoperation. Der Unterschied zwischen Ver- und Entschlüsselung liegt lediglich in der entgegengesetzten Reihenfolge dieser 16 Teilschlüssel.

[17] Vgl. Fumy (1994), S. 224.
[18] Fumy (1994), S. 223

4.1.3 Der IDEA-Algorithmus

Im Jahre 1990 schlugen Xuejia Lai und James Massey von der ETH Zürich den PES *(Proposed Encryption Standard)*, die Urform des heutigen IDEA *(International Data Encryption Algorithm)* vor. Wie DES ist IDEA eine 64-Bit-Blockchiffre, allerdings mit einer auf 128 Bits mehr als verdoppelten Schlüssellänge. Da IDEA andererseits mit der Hälfte der Iterationen auskommt und keine Vertauschungen auf Bitebene vornimmt, ist er gegenüber dem DES etwa doppelt so schnell. Für Ver- und Entschlüsselung wird derselbe Algorithmus verwendet.

Sicherheit des IDEA

Bis heute sind keine erfolgversprechenden kryptologischen Attacken bekannt. Geht man von einem effizienten Brute-Force-Angriff aus, wären maximal 2^{128} Verschlüsselungen nötig, um den Schlüssel zu ermitteln. Schneier hält ihn für den besten und sichersten Blockalgorithmus, der zur Zeit verfügbar ist[19], denn hätte man einen Prozessor zur Verfügung, der eine Milliarde Schlüsselberechnungen pro Sekunde durchführen kann und würde eine Milliarde solcher Chips zugleich einsetzen, benötigte die Suche immer noch 10^{13} Jahre[20].

Arithmetik des IDEA

IDEA arbeitet pro 64-Bit-Klartextblock in acht Runden r und verwendet eine Kombination dreier einfacher Grundoperationen: Bitweises XOR sowie Addition[21] *(modulo 2^{16})* und Multiplikation *(modulo $2^{16}+1$)* von 16-Bit-Zahlen. Jeweils 64 Bits des Klartextes werden dafür in vier 16-Bit-Blöcke X_i unterteilt; aus dem 128-Bit-Schlüssel werden 52 Teilschlüssel $Z_i^{(r)}$ mit jeweils 16 Bits generiert, je sechs pro Runde und vier weitere für eine Ausgangstransformation. Die Klartextbits werden unter Zuhilfenahme der Schlüsselblöcke mit den drei Grundoperationen verarbeitet.

---

[19] Vgl. Schneier (1996), S. 370

[20] Vgl. Kapitel 3.4, S. 17 - 19, Sicherheit und Kryptoanalyse

[21] Der Modulo c einer Zahl m ist der Restwert, der sich bei der Division durch die Zahl n ergibt, z. B. 5 mod 3 = 2; allgemein: m mod n = c. Die Modulo-Arithmetik verhält sich wie normale Arithmetik, vgl. hierzu im einzelnen Schneier (1996), S. 284.

Die Entschlüsselung des Chiffrats Y_i verläuft völlig identisch, allerdings sind die Teil-Dechiffrierschlüssel $Z_i^{(r)}$ das additive bzw. multiplikative Inverse der entsprechenden Chiffrierschlüssel.

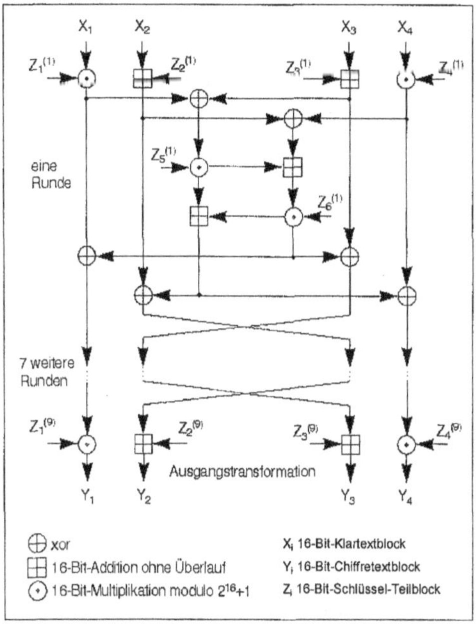

Abbildung 4-3: Schema des IDEA-Algorithmus[22]

4.1.4 Der CAST-Algorithmus

Der CAST-Algorithmus wurde von Carlisle Adams and Stafford Tavares in Kanada entwickelt und nach ihnen benannt. Entgegen ursprünglichen Absichten unterliegt der CAST keinem Patent. Der Algorithmus ist noch relativ neu und ähnelt im Design dem DES, nach Darstellung von Zimmermann[23] sind keine linearen und differentiellen Angriffsmöglichkeiten zum Brechen bekannt. Die Schlüssellänge beträgt je nach Implementierung 64 oder 128 Bits, die Klartextblöcke haben die Länge von 64 Bits. Da derzeit nur ein Brute-Force-Angriff möglich ist, steht die praktische Sicherheit bei einer 128-Bit-Implementierung nicht in Frage.

[22] Schneier (1996), S. 371
[23] Vgl. Zimmermann (1997), S. 89

Arithmetik des CAST

Ein Klartextblock wird in acht Runden verschlüsselt, wobei dieser einer Eingangspermutation unterzogen wird. Die rechte 32-Bit-Hälfte wird in jeder Runde einer Funktion unterzogen, die als Eingabe auch einen sich ständig ändernden Teilschlüssel hat. Die Funktion besteht aus der Abarbeitung von sechs S-Boxen, die Ausgabe enthält wieder 32 Bits, die mit der linken Klartexthälfte XOR-verknüpft wird. Rechte und linke Hälfte werden vor jeder neuen Runde vertauscht.

Die Stärke des Algorithmus liegt wie beim DES in den S-Boxen begründet, die allerdings für jede Anwendung nach festgelegten Designkriterien neu konstruiert werden. Die S-Boxen bestehen aus 8 x 32 Bits und enthalten eine nichtlineare Verarbeitung. Die Variation der S-Boxen-Verarbeitung wird durch den unterschiedlichen Abgriff von Bitmustern (Spaltenvariation) erreicht.

4.2 Asymmetrische Verfahren

4.2.1 Kryptographie mit öffentlichen Schlüsseln

Die Idee der asymmetrischen Kryptosysteme wurde von Whitfield Diffie und Martin Hellman[24] 1976 veröffentlicht. Asymmetrische Verfahren arbeiten auf Basis eines mathematischen Verfahrens, welches zwei Schlüssel generiert, einen öffentlichen Schlüssel, mit dem die Nachricht kodiert wird, und einen privaten Schlüssel zur Dekodierung, wobei aus der Kenntnis des öffentlichen Schlüssels nicht auf den privaten Schlüssel geschlossen werden kann. Der Sender einer Nachricht besorgt sich den öffentlichen Schlüssel des Empfängers entweder aus einer sicheren Datenbank oder bekommt diesen vorher vom Empfänger übermittelt. Hierbei kommt es gerade nicht darauf an, den Schlüssel geheimhalten zu müssen, er ist öffentlich und ohne Kenntnis des privaten Schlüssels wertlos. Haben sich beide Parteien zuvor auf ein Kryptosystem für öffentliche Schlüssel geeinigt, kann die Nachricht vom Sender mit dem öffentlichen Schlüssel des Empfängers chiffriert werden. Danach ist es nur dem Empfänger möglich, die Nachricht mittels des privaten Schlüssels, den nur er kennt, zu dekodieren.

---

[24] Vgl. Diffie/Hellman (1976), S. 644 - 654

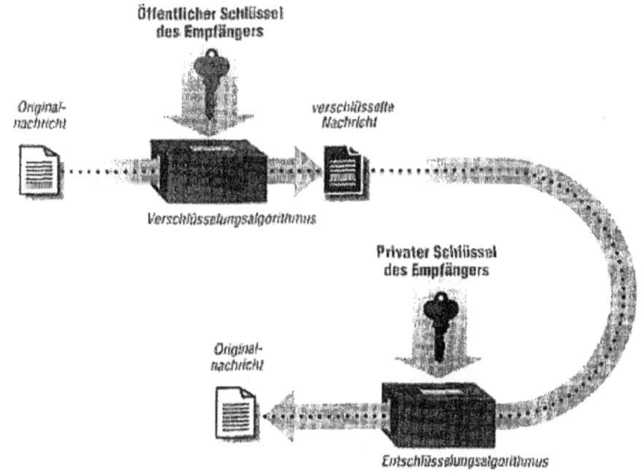

Abbildung 4-4: Kryptographie mit öffentlichen Schlüsseln[25]

Somit arbeiten Ver- und Entschlüsselungsfunktion des mathematischen Algorithmus prinzipiell mit unterschiedlichen Schlüsseln. Dieses Verfahren bezeichnet man auch als Kryptographie mit öffentlichen Schlüsseln *(public-key Kryptographie)*.

Der Vorteil gegenüber den symmetrischen Verfahren ist zweifelsfrei in der Verwendung des öffentlichen Schlüssels begründet, die Anzahl der benötigten Schlüsselpaare reduziert sich auf n Teilnehmer. Ferner kann jeder den öffentlichen Schlüssel einer Person verwenden, um dieser Nachrichten zu übermitteln, insofern stellt das Abhören der Leitung keine Gefahr mehr dar.

Dieses Verfahren setzt allerdings voraus, daß die Schlüssel authentisch sind, also wirklich vom gewünschten Kommunikationspartner stammen. Wenn ein Angreifer seinen Schlüssel jemanden zusendet, während dieser den öffentlichen Schlüssel des Kommunikationspartners erwartet, besteht die Gefahr, daß der Angreifer alle Nachrichten, die unbemerkterweise mit seinem Schlüssel chiffriert werden, mit seinem geheimen Schlüssel wieder entschlüsselt.

Ein weiterer Nachteil asymmetrischer Algorithmen liegt darin, daß sie gegenüber symmetrischen Algorithmen weniger effizient in der Ver- und Entschlüsselungsrate sind.

[25] Garfinkel (1996), S. 56

Nach Aussage von Schneier[26] sind Softwareimplementierungen des DES-Algorithmus etwa hundert mal schneller als der im folgenden Kapitel dargestellte RSA-Algorithmus.

4.2.2 Der RSA-Algorithmus

Die asymmetrische Verschlüsselung benötigt eine Einwegfunktion. Dies ist eine Funktion, deren Umkehrfunktion nicht oder nur mit unzumutbarem Aufwand gefunden werden kann. Da der öffentliche Schlüssel bekannt ist, muß demnach die Funktion so beschaffen sein, daß die Daten nicht ohne Kenntnis des geheimen Schlüssels wieder entschlüsselt werden können.

Sicherheit des RSA

Auf der Suche nach einer solchen Verschlüsselungsfunktion, die ohne das Wissen um einen Schlüssel praktisch unumkehrbar ist, stießen Rivest, Shamir und Adleman 1977 auf das Problem der Faktorisierung (Zerlegung in Primfaktoren) großer Zahlen[27]. Obwohl die Vermutung, ob eine Zahl Primzahl ist oder nicht, auch bei hohen Zahlen mit relativ geringem Aufwand verifizierbar ist, stellt die Faktorisierung einer geeigneten Zahl in angemessener Zeit ein unlösbares Problem dar. Hierin begründet sich die Sicherheit des RSA-Algorithmus, der nach den Initialen seiner Entwickler benannt ist.

Die Zahl *10* läßt sich in die Primfaktoren *2* und *5* zerlegen, schwieriger wird es schon bei der Zahl *207583*, die Primzahlenfaktoren sind hier *41, 61* und *83*. Für die Faktorisierung von Zahlen gibt es mathematische Algorithmen, die bei sehr großen Zahlen (> 200 Dezimalstellen) allerdings sehr viel Zeit benötigen. Im Jahre 1994 konnte von Wissenschaftlern eine 129-stellige RSA-Zahl faktorisiert werden[28], was einer äquivalenten Schlüssellänge im Algorithmus von 429 Bits entspricht[29]. Mit Hilfe des damals neuen Faktorisierungsalgorithmus MPQS *(multiple polynominal quadratic sieve)* und auf 1600 Rechnern verteilter Arbeit gelang es weltweit etwa 600 freiwilligen Helfern in acht Monaten, diese 129-stellige Zahl in Ihre Primfaktoren zu zerlegen. Kommuniziert wurde via eMail im Internet.

---

[26] Vgl. Schneier (1996), S. 535; sowie Kapitel 3.2.1, S. 13
[27] Vgl. Beutelspacher (1996), S.123
[28] Vgl. Gates (1995), S. 162 - 163
[29] Vgl. Kapitel 3.2.1, S. 12 - 13, Binäre Verschlüsselung

Garfinkel hat in diesem Zusammenhang berechnet[30], welche Echtzeit 100 Millionen Personalcomputer mit jeweils 100 MHz Pentiumprozessor und acht Megabyte RAM bei jeweils 100 Millionen Operationen pro Sekunde für das Brechen folgender Schlüssellängen benötigen würden:

Schlüssellänge	Zeitraum, 100 Millionen 8 MB-Pentium-100-Rechner
429 Bit	4,5 Sekunden
512 Bit	22 Minuten
700 Bit	153 Tage
1024 Bit	280.000 Jahre

Mittlerweile gibt es den schnelleren Algorithmus NFS *(number field sieve)*. Man schätzt, daß dieser etwa nur ein Zehntel der Zeit für die Zerlegung der RSA-129-Zahl benötigt hätte[31]. Berücksichtigt man weiterhin, daß sich etwa alle zwei Jahre die Prozessorleistungen verdoppeln, so relativieren sich die von Garfinkel aufgestellten Größenordnungen drastisch.

Schätzt man unter Berücksichtigung der unterstellten Entwicklung den Geschwindigkeitsvorteil bei heutigen Faktorisierungsrechnungen mit dem Personalcomputer auf den Faktor 30, würde ein einzelner schneller Pentium-Nachfolger heute bei einer 512-Bit-Verschlüsselung immerhin noch 140 Jahre benötigen, oder 140 Rechner ein Jahr. Da Rechner im Server-Bereich mit Multiprozessortechnik ohnehin viel leistungsfähiger sind, dürfte das Brechen eines 512-Bit-Schlüssels innerhalb der nächsten Jahre in adäquater Zeit möglich werden. Von einer üblichen 512-Bit-Implementierung des RSA-Algorithmus wird daher abgeraten. Eine 1024-Bit-Implementierung hingegen dürfte für die nächsten 20 Jahre mehr als ausreichend sein.

[30] Vgl. Garfinkel (1996), S. 370

[31] Vgl. Schneier (1996), S. 300 u. 301

Arithmetik des RSA

Der RSA arbeitet mit fünf Zahlen:

p	Eine sehr große Primzahl
q	Eine weitere große Primzahl
n	Das Produkt der Primzahlen, $n=p \cdot q$, diese Zahl wird Teil des öffentlichen Schlüssels.
e	Eine zufällig gewählte Zahl, die auch Bestandteil des öffentlichen Schlüssels ist.
d	Der private Schlüssel zum Dechiffrieren der Daten, diese Zahl wird berechnet.

Zur Verschlüsselung der Nachricht m bedient man sich der mathematischen Modulo-Funktion, das Chiffrat c ergibt sich aus: $c=m^e \bmod n$
Die Nachricht m wird wie folgt entschlüsselt: $m=c^d \bmod n$

Damit dies funktioniert, muß für den zu berechnenden privaten Schlüssel d gelten: $d=e^{-1} \ (mod \ (p-1) * (q-1))$

Diese Formel gilt, wenn $(p-1) \cdot (q-1)$ und e relativ prim zueinander sind, also diese Zahlen außer Eins keinen gemeinsamen Teiler haben. Die Berechnung ist eine direkte Anwendung des erweiterten euklidischen Algorithmus, der Beweis hierzu findet sich bei Beutelspacher[32]. Die Sicherheit des Schlüssels d hängt davon ab, daß die Zahlen p und q etwa gleich groß sind und die Zahl e wirklich zufällig gewählt wird. Damit wird einem Angreifer die Faktorisierung von n erschwert.

An Hand des folgenden Beispiels[33] wird das Ver- und Entschlüsselungsprinzip deutlich: Die Primzahlen seien $p=47$ und $q=71$, daraus errechnet sich $n=pq=3337$. Der Chiffrierschlüssel e darf keine gemeinsamen Faktoren haben mit $(p-1)(q-1)=46 \cdot 70=3220$, es wird zufällig $e = 87$ gewählt. Damit berechnet sich $d=87^{-1}$ mod $3220=3183$. Die Schlüssel n und d sind hier 12-Bit-Schlüssel.

Der private Schlüssel *3183* bleibt geheim, es werden n mit dem Wert *3337* und e mit *87* als öffentlicher Schlüssel bekannt gegeben. Die Primzahlenfaktoren p und q werden vernichtet.

---

[32] Vgl. Beutelspacher (1996), S. 123 - 128

[33] Das Beispiel wurde mit Hilfe des Mathematik-Programms MuPAD für Windows 95 erstellt, das unter ftp://ftp.uni-paderborn.de/MuPAD/R130/Windows/R129a als vollständige Demo-Version frei erhältlich ist, es ist auch als Unix-/Dos-Version verfügbar.

Da p und q nach der Schlüsselerzeugung nicht mehr bekannt sind, kann n nur noch mit großem Aufwand errechnet werden: Da n keine Primzahl ist, kann man entweder alle Zahlen kleiner n auf gemeinsame Teiler mit n prüfen, was bei genügend hohen Zahlen selbst für Großrechner zu aufwendig ist, oder man versucht, n in seine Faktoren zu zerlegen, was bei geeigneter Wahl von p und q ebenfalls sehr aufwendig ist.

Die Verschlüsselung verwendet auch hier gleich große Blöcke des Klartextes, die bei einem 512-Bit-Schlüssel üblicherweise 64 Bits groß sind. In unserem Beispiel soll der Ausdruck „TEXT!" verschlüsselt werden. Die (abdruckbare) binäre Darstellung hierfür ist:

T	E	X	T	!
0101 0100	*0100 0101*	*0101 1000*	*0101 0100*	*0010 0001*

Die zu verschlüsselnde Nachricht besteht aus 40 Bits, die entsprechend der Schlüssellänge in fünf Nachrichtenblöcke m_x aufgeteilt werden, wobei die Blockgröße kleiner der Schlüssellänge n sein muß. Die binären Werte der Blöcke werden dann als natürliche Zahl interpretiert, man erhält:

01 01 01 00 01	*00 01 01 01 01*	*10 00 01 01 01*	*00 00 10 00 01*
337	*85*	*533*	*33*

Die Nachricht $m=337\ 855\ 333\ 3$ wird nun in gleich großen 10-Bit-Blöcken verschlüsselt, also $m_1=337$, $m_2=855$, $m_3=333$, $m_4=003$. Für den ersten Block ergibt sich: $337^{87} \bmod 3337=3264=c_1$

Rechnet man alle Blöcke durch, so ergibt sich die verschlüsselte Nachricht:

$$c = 3264\ 3091\ 0578\ 2168$$

Bei der Entschlüsselung der Nachricht erhält man m_1 durch Einsetzen in die Entschlüsselungsfunktion:

$$3264^{3183} \bmod 3337=337=m_1$$

Der Rest der Nachricht wird analog wiederhergestellt. Abschließend werden die 10-Bit-Blöcke wieder zur Nachricht m zusammengefügt.

4.3 Schlüssellose Verfahren

Im Gegensatz zu den symmetrischen und asymmetrischen Verfahren gibt es die Einwegverschlüsselung und die Hashfunktionen, die jeweils ohne Schlüssel auskommen. Beide Verfahren gehören zur Gruppe der Einwegfunktionen. Ein weiteres schlüsselloses Verfahren wird mit Hilfe der Datenkomprimierung realisiert.

4.3.1 Einwegverschlüsselung

Einwegverschlüsselung meint die Anwendung von mathematischen Einwegfunktionen, bei denen es praktisch unmöglich ist, deren Inverse zu bestimmen. Mathematisch ausgedrückt bedeutet dies, die Funktion $f(m)=c$ ist leicht zu berechnen, $f^{-1}(c)=m$ ist existent, aber nur schwer zu berechnen. Streng genommen existiert kein mathematischer Beweis dafür, daß es Einwegfunktionen gibt.

Von praktischem Nutzen ist, daß Einwegfunktionen außer der Nachricht m keine weiteren Eingabeparameter benötigen. Eingesetzt werden sie vornehmlich bei der Verschlüsselung von Paßwörtern oder den bei Euroscheckkarten verwendeten PINs *(personal identification numbers)*. Vor Speicherung bzw. Übermittlung findet mittels einer Einwegfunktion die Verschlüsselung statt, die Information wird dann chiffriert übertragen und gespeichert.

Eine Einwegverschlüsselung mit Hintertür ist ein weiteres eingesetztes Prinzip. Hierunter versteht man eine Abbildung, deren Inverse bei Kenntnis der Zusatzinformation relativ leicht berechnet werden kann, ohne deren Kenntnis diese Funktion sich aber wie eine Einwegfunktion verhält. Asymmetrische Kryptosysteme arbeiten nach diesem Prinzip. Die beim RSA eingesetzte Modulo-Funktion ist ein Beispiel dafür.

4.3.2 Hashfunktionen

Hashfunktionen werden auch als kryptographische Prüfsummen, digitaler Fingerabdruck oder MAC *(message authentifikation code)* bezeichnet. Zur Erzeugung der Prüfsumme dient ein Algorithmus, eine Hashfunktion, der aus einer variablen langen Nachricht m im Gegensatz zur Einwegverschlüsselung einen festen Ausgabewert erzeugt, der nicht manipulierbar ist und zu Prüfzwecken eingesetzt wird.

Der Ausgabewert x wird als Hashwert der Funktion bezeichnet. Da Hashfunktionen zur Klasse der Einwegfunktionen gehören, ist es praktisch unmöglich, die Nachricht m aus dem Hashwert h zu ermitteln, $h(m)=x$ ist mit vertretbarem Rechenaufwand also nicht umkehrbar. Hat die Hashfunktion außerdem die Eigenschaft, daß es praktisch nicht möglich ist, ein Paar verschiedener Nachrichten m und m' zu finden, welche den gleichen Hashwert liefern, wird sie als kollisionsfrei oder sichere Hashfunktion bezeichnet. Eine Hashfunktion ist öffentlich, die Sicherheit ist in ihrer Einwegeigenschaft begründet. Die Änderung eines Eingabebits muß im Mittel auch hier die Hälfte aller Ausgabebits ändern.

Die bekanntesten Hashfunktionen sind MD5 *(message digest)* und SHA1 *(secure hash algorithm)*. Sie arbeiten auf Basis sogenannter Kompressionsfunktionen. Der Nachrichtentext wird blockweise aufgeteilt und bearbeitet. Dabei dienen einer Blockoperation als Eingabe die Ausgabe des vorhergehenden Blocks (Zwischenhashwert) und der aktuelle Textblock. Somit entspricht die Ausgabe der letzten Blockoperation dem Hashwert.

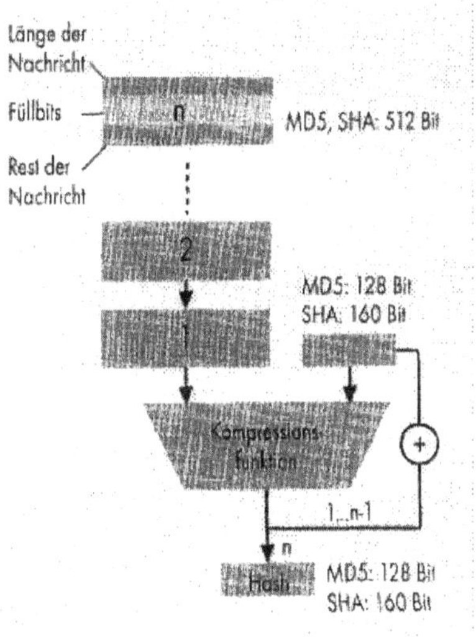

Abbildung 4-5: Prinzip einer Hashfunktion[34]

[34] Luckhardt (2/1997), S. 22

Einsatz finden Hashfunktionen bei der Überprüfung von Nachrichtenintegrität und -authentizität, das wird in Kapitel sechs genauer beschrieben.

Sicherheit

Nach übereinstimmender Aussage[35] von Fumy und Schneier arbeiten sichere Hashfunktionen bei dem gegenwärtigen Stand der Technik mit Prüfsummen der Mindestlänge von 128 Bits, einfache (schwache) hingegen mit 64 Bits. Der Grad der Sicherheit ergibt sich hierbei aus dem Aufwand, eine Kollision zu bestimmen. Dafür gibt es für einen Angreifer zwei Möglichkeiten: Er kann entweder zwei Nachrichten m und m' finden, die den gleichen Hashwert ergeben, oder er kann eine beliebige Kollision erzeugen, indem er m' selbst bestimmt. Letztere Möglichkeit bedeutet, daß im Grunde genommen keine „richtige" Einwegfunktion zugrunde liegt, denn sie wäre umkehrbar.

Für die Berechnung zweier gleicher Nachrichten gilt, daß bei einem Brute-Force-Angriff zur Ermittlung eines bestimmten n-Bit-Hashwertes im ungünstigsten Fall 2^n zufällige Nachrichten durchgerechnet werden müssen. Für jede weitere zufällige Nachricht steigt dabei die Wahrscheinlichkeit, daß eine Nachricht schon einmal dagewesen ist, die zum gleichen Hashwert führt, wobei der Treffer spätestens ab $n/2$ eintritt. Maximal sind für das Suchen zweier Nachrichten mit gleichem Hashwert also nur $2^{n/2}$ Rechenoperationen erforderlich. Schneier[36] stellt hierzu anschaulich dar, daß es bei der Möglichkeit, eine Million Nachrichten in der Sekunde berechnen zu können, etwa 600.000 Jahre dauern würde, eine Nachricht zu einem bestimmten 64-Bit-Hashwert zu suchen. Für das Suchen zweier Nachrichten mit gleichem Hashwert benötigte man unter gleichen Voraussetzungen lediglich eine Stunde.

---

[35] Vgl. Fumy (1994), S. 284 u. 288, u. Schneier (1996), S. 492

[36] Vgl. Schneier (1996), S. 195

MD5

Der MD5 wurde von Ron Rivest im April 1992 veröffentlicht[37] und stellt eine Verbesserung seines Vorgängers, MD4, dar.

Der Klartext wird zunächst in Eingabeblöcke von 512 Bits aufgeteilt, wobei der letzte Block mit einer speziellen 64-Bit-Nachricht am Ende versehen wird, die aus der Länge des Klartextes berechnet wird und sicherstellt, daß verschiedene Nachrichten nicht identisch sind. Außerdem wird der letzte Block vor der 64-Bit-Nachricht mit einem Bitwert eins und weiteren Bitwerten null aufgefüllt, so daß auch der letzte Block vollständig aus 512 Bits besteht.

Jeder Eingabeblock wird nun in vier Runden der Hauptschleife unterzogen. In einer Runde werden jeweils 32-Bit aus einem 512-Bit-Klartext erzeugt, bei vier Runden erhält man so einen 128-Bit-Zwischenhashwert, der wiederum Eingabe für die nächste Schleife ist. Die letzte Hauptschleife erzeugt schließlich den Hashwert.

Die Komplexität des Algorithmus liegt in den Rundenoperationen. Hier wird der 512-Bit-Eingabeblock 16 verschiedenen Operationen zu jeweils 32 Bits unterzogen, wobei die Operationen mit vier internen 32-Bit-Variablen und drei nichtlinearen Funktionen arbeiten, so daß jeder 32-Bit-Teilblock mit anderen Startwerten bearbeitet wird. Zusätzlich wird auf jedes Ergebnis eine variable Bitverschiebung angewendet. Am Ende einer Operation wird das Ergebnis auf den nächsten 32-Bit-Teilblock addiert.

Die praktische Sicherheit des MD5 ist bisher nicht zweifelsfrei widerlegt worden, dennoch ist sie in der Diskussion. So weist Hans Dobbertin in der Internet-Newsgroup zur Kryptologie[38] auf seine Veröffentlichung zur Kryptoanalyse des MD4 hin, in der er ein konstruiertes Beispiel für eine Kollision zweier Nachrichten anführt. Er geht davon aus, daß mit einigem Aufwand dieses auch unter MD5 zu realisieren ist und rät von Neuimplementierungen des MD5 ab. Dem ist entgegenzuhalten, daß die Verbesserungen des MD5 gegenüber dem MD4 gerade in seiner optimierten Kompressionsfunktion liegen, die schließlich die Kollisionssicherheit ausmacht.

---

[37] Vgl. Pommerening (1996), http://www.uni-mainz.de/~pommeren/DSVorlesung/Material/rfc1321.txt

[38] Vgl. Dobbertin (1996), http://www.uni-mainz.de/~pommeren/DSVorlesung/Material/MD5.Dobbertin

So wurde die Rundenzahl des Algorithmus von drei auf vier erhöht und bei den einzelnen Operationen wurden Optimierungen vorgenommen. Hierzu entgegnet Schneier[39], daß es gelang, mit der Kompressionsfunktion des MD5 eine Kollision zu erzeugen. Dies ist nicht gleichzusetzen mit der praktischen Untauglichkeit des MD5, denn ein Angreifer muß in der Regel von einem vorgegebenen Hashwert ausgehen, dennoch würde auch Schneier den MD5 nicht mehr einsetzen.

SHA1

Der SHA1 wurde vom NIST *(National Institut of Standards and Technology)* in Zusammenarbeit mit der NSA *(National Security Agency)* entwickelt. Der Algorithmus produziert im Gegensatz zum MD5 einen 160-Bit-Hashwert.

Die Eingabeblöcke werden analog mit 512 Bits erzeugt, jedoch werden die 16 32-Bit-Teilblöcke in 80 32-Bit-Teilblöcke expandiert. Die Hauptschleife durchläuft jedoch vier Runden mit je 20 Operationen, welche jeweils auch aus drei nichtlinearen Funktionen mit anschließender Verschiebung und Addition bestehen. Es kommen fünf interne Variablen zum Einsatz, wodurch eine Kollision wie beim MD5 nicht möglich ist[40].

Gegen den SHA1 sind keine kryptologischen Angriffe bekannt.

RIPE-MAC

Der RIPE-MAC bzw. RIPE-MD wurde von Bart Preneel entwickelt und ist weniger bekannt als MD5 oder SHA1. Er benutzt als Kompressionsfunktion den Algorithmus DES oder 3DES und erzeugt je nach Implementierung Hashwerte der Länge von 128 oder 160 Bits.

Die Eingabeblöcke werden in der Länge 64 Bits bearbeitet. Die Eingabe eines Kompressionsschrittes besteht aus der Ausgabe der vorhergehenden Kompression und einem DES-Schlüssel, der für jeden Kompressionsschritt neu abgeleitet wird. Für den ersten Kompressionsschritt wird als Schlüssel ein Initialisierungsvektor benutzt.

Gegen den RIPE-MAC sind keine kryptologischen Angriffe bekannt.

---

[39] Vgl. Schneier (1996), S. 503

[40] Vgl. Schneier (1996), S. 507

4.3.3 Datenkomprimierung

Unter Datenkomprimierung versteht man das Verdichten von binären Informationen mittels eines Algorithmus, der Daten in verkürzter Form darstellen kann. Hauptzweck dieser physikalischen Verkleinerung ist das Sparen von Speicherplatz und die Entlastung elektronischer Übertragungskanäle. Zur „Brauchbarmachung“ müssen die Daten mit demselben Algorithmus („Packer“) wieder entdichtet werden.

Je nach Datentyp (Text-, Grafikdokumente, Programmdateien) lassen sich unterschiedliche Komprimierungsgrade erreichen.

Eine primitive Methode ist, sich wiederholende Bytes mit der Häufigkeit ihres Auftretens darzustellen, die Folge *„00000“* wird beispielsweise als *„5*0“* dargestellt. Ein geschickterer Ansatz ist bei Lammarsch beschrieben[41]. Die vielen modernen Packern zugrunde liegende LZW-Codierung, benannt nach seinen Entwicklern Lempel, Ziv und Welch, nimmt über die gesamte Datei zunächst einen Analyselauf vor und erstellt eine Häufigkeitstabelle für die auftretenden Bytes. Darauf aufbauend wird eine Codierungstabelle erstellt, welche den auftretenden Bytes eine kürzere Bitfolge zuordnet. Hierbei werden die größten Häufigkeiten mit den kürzesten Bitfolgen kodiert.

Prinzipiell handelt es sich bei dieser Technik um einfache Ver- und Entschlüsselung von Daten, die mit einem Stromchiffrierer erfolgt und bei der Bitmuster der Reihe nach ausgetauscht werden. Nun werden Packer wegen der leicht möglichen linearen Kryptoanalyse (hoffentlich!) nicht als Verschlüsselungsalgorithmus in Kryptosystemen eingesetzt, ihre Anwendung liegt neben der Eigenschaft der Dateiverkleinerung vielmehr in der Verschleierung des Klartextes. Kryptoanalytiker versuchen oft über die Zeicheneigenarten einer Sprache mit statistischen Methoden Rückschlüsse vom Chiffrat auf den Klartext zu ziehen. So sind die deutsche und englische Sprache stark redundant, d. h. einzelne Buchstabenhäufigkeiten oder Zeichenketten treten mit unterschiedlich wahrscheinlichen Häufigkeiten auf.

---

[41] Vgl. Lammarsch (1994), S. 330

Im Idealfall liefert zwar ein guter Algorithmus ein zufälliges Bitmuster des Chiffrats über eine gute Schlüsselgenerierung[42], dennoch können Kryptosysteme auch schwache Schlüssel haben; und schwache Schlüssel führen zu „durchschimmernden" Kodierungen. Diese Schwäche gleichen Packer aus. Werden die typischen Bitmuster der am häufigsten auftretenden Buchstaben und Zeichenketten durch Ersatzkodierungsbitmuster mit gleichverteilten Bit-Informationen ersetzt, so ist es viel schwieriger, Redundanzen zu entdecken.

> Im Deutschen kommt die Zeichenkette „en" sehr oft vor, in zwei Bytes ASCII-Code: *0110 0101 0110 1110*
>
> Die Einsen überwiegen mit 9 : 7. Eine Ersatzkodierung kann man in einem Byte so vornehmen: *0101 0101*
>
> Dieses Bitmuster ist in einem gesamten Text praktisch nicht mehr als häufige Eigenart „en" auffindbar. Existierende Häufigkeitstabellen von Buchstaben-/Zeichenverteilungen der deutschen Sprache zum Zwecke der Kryptoanalyse sind nicht anwendbar.

Die Datenkompression reduziert die Redundanz des Klartextes, und erhöht dadurch wesentlich die Sicherheit vor kryptoanalytischen Angriffen. Kryptographische Anwendungen können sich diesen Vorteil zunutze machen und vor der Anwendung des eigentlichen Kryptosystems den Klartext zum Nachteil von mehr Rechenzeit über einen Packer schicken.

[42] Vgl. Kapitel 5.2.1, S. 40 – 41, Schlüsselerzeugung

5 Aspekte sicherer Kryptographie

5.1 Paßwörter

Paßwörter werden in der Kommunikationstechnik zum Zweck der Authentifizierung und Schlüsselerzeugung eingesetzt. Da schlecht gewählte Paßwörter ein erhebliches Risikopotential kryptographischer Sicherheit darstellen, werden an dieser Stelle einige Überlegungen zur Auswahl von Paßwörtern vorausgeschickt.

Der gewöhnliche Anwender von Computersystemen wird sich ein Paßwort wie *„Mausi"* leichter merken können als *„9(hH%/A^"*. Da das auch potentielle Angreifer wissen, werden sie über einen sogenannten Wörterbuchangriff *(dictionary attack)* versuchen, die Initialien, den Vornamen, den Namen der Freundin oder den des Hundes einzusetzen. Solche Paßwörter bieten keinen wirksamen Schutz.

Der theoretische Schlüsselraum für ein Paßwort pro Byte in ASCII-Darstellung verringert sich beispielsweise bei ausschließlicher Verwendung von Kleinbuchstaben gegenüber den maximal möglichen 256 Bit-Kombinationsmöglichkeiten auf 26 Bit-Kombinationen, bei einem 4-Byte-Paßwort beträgt der Unterschied bereits *456.976* gegenüber $4{,}3 \times 10^9$ Möglichkeiten[43]. In einer Studie über Sicherheit von Paßwörtern wurde festgestellt, daß typischerweise mehr als 80 Prozent aller benutzergewählten Paßwörter relativ leicht zu ermitteln sind[44].

Paßwörter sollten deshalb neben Groß- und Kleinbuchstaben auch Ziffern und Sonderzeichen verwenden. Sie sollten regelmäßig gewechselt werden. Muftic schlägt die zentrale Vergabe von Paßwörtern durch Sicherheitsleute oder Computersysteme vor[45].

---

[43] Vgl. Kapitel 3.3.1, S. 12 - 13, Binäre Verschlüsselung
[44] Vgl. Fumy (1994), S. 335
[45] Vgl. Muftic (1992), S. 75

5.2 Schlüsselmanagement

Da die Sicherheit eines Kryptosystems ausschließlich von seinem Schlüssel abhängen soll, hat das Schlüsselmanagement entscheidende Bedeutung.

Unter Schlüsselmanagement versteht man die Gesamtheit aller Maßnahmen, die dazu geeignet sind, Schlüsselerzeugung und Schlüsselverteilung in einem System zu regeln. Bei der Schlüsselverteilung in offenen Rechnernetzen spielt hinzukommend die Schlüsselverifizierung eine große Rolle. Darunter versteht man die Sicherheit für den Benutzer eines fremden Schlüssels, darauf vertrauen zu können, daß dieser echt ist.

5.2.1 Schlüsselerzeugung

Prinzipiell gibt es zwei Wege der Schlüsselerzeugung: Die erste Möglichkeit besteht in der Vorgabe eines Direktwertes des Schlüssels, die zweite in der Vorgabe eines Initialwertes, wie beim DES[46], woraus dann der eigentliche Schlüssel automatisch generiert wird.

Für die Erzeugung von Schlüsseln zum Zwecke der Datenverschlüsselung sollte man sich eines Schlüsselgenerators bedienen, denn bei direkter Verwendung der Benutzervorgabe (Paßwort) wird es Angreifern leicht gemacht, den Schlüssel zu finden. Der Schlüsselgenerator darf aber keinen schwachen Algorithmus verwenden. Im Extremfall kann sich dann ein Angreifer die Kryptoanalyse ersparen, er braucht nur den schwachen Generieralgorithmus zu untersuchen und kann so Rückschlüsse auf den Schlüssel ziehen. Das eingesetzte Kryptosystem wird somit wertlos.

Gut generierte Schlüssel haben möglichst einen so großen Schlüsselraum, daß Kryptoanalysen praktisch unmöglich gemacht werden[47]. Außerdem sind sie zufällige Schlüssel, wobei jede Ausprägung des Schlüssels gleich wahrscheinlich ist.

Hierbei können Computer lediglich Pseudozufallszahlen erzeugen, echte Zufallsprozesse wie der Münzwurf[48] können bestenfalls für die Erzeugung einiger Masterschlüssel eingesetzt werden.

---

[46] Vgl. Kapitel 4.1.2, S. 23, Arithmetik des DES

[47] Vgl. Kapitel 4.1.2, S. 22, Sicherheit des DES,
sowie Kapitel 4.2.2, S. 29, Sicherheit des RSA

[48] Bei einem Münzwurf entsprechen die Ereignisse Kopf und Zahl den Bit-Darstellungen 0 und 1. Somit kann theoretisch jede beliebig große Zahl erzeugt werden.

Eine Möglichkeit, gute Zufallszahlen bzw. Schlüssel zu erzeugen, ist die Verwendung einer sogenannten Vorlagephrase (pass phrase). Hierbei erzeugt eine Hashfunktion aus einem Text beliebiger Länge eine feste Pseudozufallsbitfolge. Der Satz „Der Vertrag von Maastricht trat am 01.11.1993 in Kraft!" könnte in den 64-Bit-Schlüssel „*æÁc%?Zé9*" überführt werden. Als Faustregel gilt, daß für je 32-Bit-Schlüssellänge der Text fünf Wörter haben sollte[49], des weiteren sind allgemein bekannte Zitate zu vermeiden und möglichst Sonderzeichen und Ziffern zu verwenden.

Bei aller Notwendigkeit, einen guten Zufallsgenerator zur Schlüsselerzeugung zu verwenden, ist eine gesicherte Schlüsselverteilung wichtiger.

5.2.2 Schlüsselverteilung in symmetrischen Kryptosystemen

Das Problem der Kommunikation in symmetrischen Schlüsselsystemen ist, den Schlüssel geheim zu halten und die Anzahl der Schlüssel bei vielen Teilnehmern zu reduzieren[50].

Mit Hilfe einer Schlüsselverteilzentrale kann man erreichen, daß der überwiegende Teil aller Schlüssel direkt über das offene Rechnernetz verteilt werden kann. Dafür muß mit der Zentrale ein geheimer *Key-Encryption-Schlüssel* vereinbart werden. Hierbei handelt es sich im Gegensatz zu den geheimen Kommunikationsschlüsseln, mit denen die Nachrichten kodiert werden, um solche zum Chiffrieren der primären Kommunikationsschlüssel.

---

[49] Vgl. Schneier (1996), S. 205

[50] Vgl. Kapitel 4.1.1, S. 20, Kryptographie mit privaten Schlüsseln

Der Ablauf sieht prinzipiell wie folgt aus:

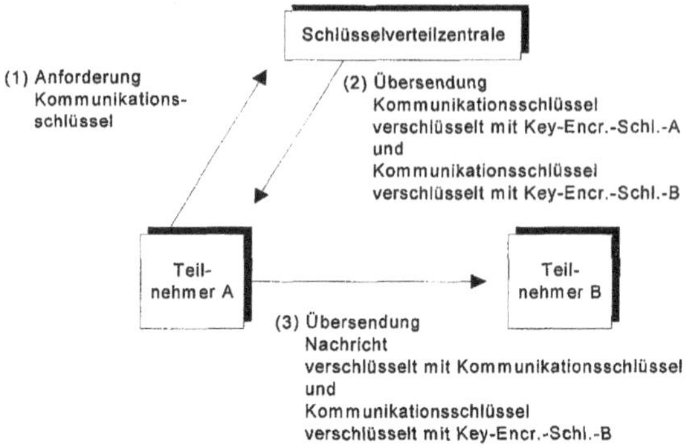

Abbildung 5-1: Schlüsselverteilung in symmetrischen Kryptosystemen

Die Schlüsselverteilzentrale (SVZ) besitzt von allen Teilnehmern eine Kopie der Key-Encryption-Schlüssel, auch Masterschlüssel genannt. Teilnehmer A identifiziert sich gegenüber der SVZ und fordert einen Kommunikationsschlüssel für Teilnehmer B an. Die SVZ generiert und übermittelt diesen zweifach, einmal verschlüsselt mit dem Key-Encryption-Schlüssel von A, ein weiteres mal mit dem von B. Daraufhin dechiffriert A den Kommunikationsschlüssel unter Verwendung seines Masterschlüssels und chiffriert damit die zu übermittelnde Nachricht. Danach übermittelt er B die Nachricht zusammen mit dem zweiten Kommunikationsschlüssel, der zuvor von der SVZ mit dem Masterschlüssel von B chiffriert worden ist. Teilnehmer B kann sich analog den Kommunikationsschlüssel erzeugen und damit die übermittelte Nachricht dechiffrieren.

Dadurch, daß der Kommunikationsschlüssel erst zum benötigten Zeitpunkt generiert wird, reduziert sich die Anzahl der vorzuhaltenden Schlüssel gegenüber $n(n-1)/2$ erheblich, die Masterschlüssel der Teilnehmer müssen aber nach wie vor auf einem sicheren Weg mit der SVZ ausgetauscht werden.

5.2.3 Schlüsselverteilung in asymmetrischen Kryptosystemen

Da in asymmetrischen Systemen der öffentliche Schlüssel nicht geheimgehalten werden muß, vereinfacht sich die Schlüsselverteilung:

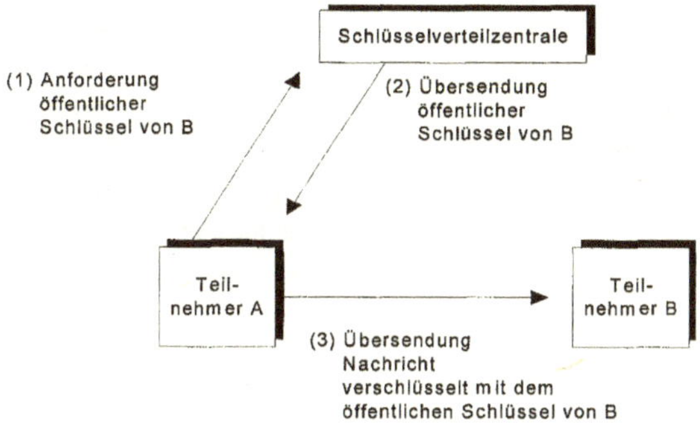

Abbildung 5-2: Schlüsselverteilung in asymmetrischen Kryptosystemen

Jeder Teilnehmer generiert sich ein Schlüsselpaar, bestehend aus einem privaten und einem öffentlichen Schlüssel. Anschließend übersendet er seinen öffentlichen Schlüssel der SVZ. Damit ist er für jeden ohne weiteres zugänglich; jeder kann Nachrichten mit dem öffentlichen Schlüssel des Empfängers chiffrieren und an diesen senden. Der Empfänger entschlüsselt die Nachricht mit seinem privaten Schlüssel.

Ist der Benutzerkreis klein, kann man sich die Einrichtung einer SVZ sparen, der Schlüsselaustausch findet dann direkt statt:

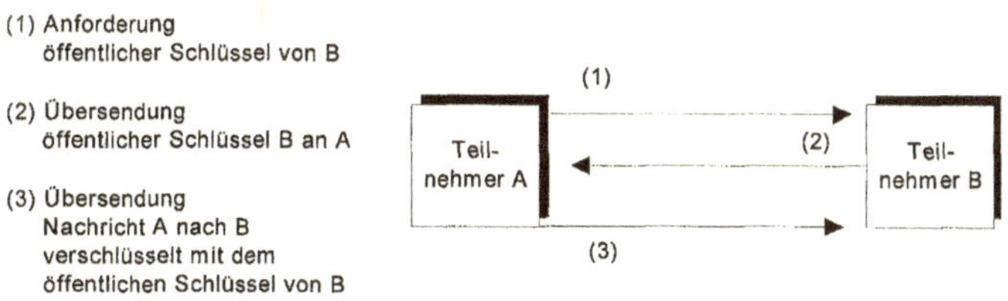

Abbildung 5-3: Direkter Schlüsselaustausch in asymmetrischen Kryptosystemen

5.2.4 Schlüsselzertifizierung

Bei einem Schlüsselaustausch über einen offenen Kanal ist man vor einem Man-in-the-Middle-Angriff nicht sicher. In symmetrischen Kryptosystemen kann man die Masterschlüssel und in asymmetrischen die öffentlichen Schlüssel der Teilnehmer über einen offenen Kanal austauschen, dies verhindert aber nicht, daß diese während der Übertragung durch einen Angreifer ersetzt werden. Deshalb wendet man in der Praxis ein Verfahren an, welches als Zertifizierung des Schlüssels bezeichnet wird. Zertifizierung bedeutet die Beglaubigung durch eine anerkannte Instanz, um die Echtheit des Schlüssels zu bestätigen. Die Beglaubigung können Schlüsselverteilzentralen oder andere dazu autorisierte Stellen *(Certification Authority)* vornehmen. Der Schlüssel wird beglaubigt, indem er mit einer fälschungssicheren Signatur der zertifizierenden Stelle unterzeichnet wird[51].

In asymmetrischen Kryptosystemen funktioniert das folgendermaßen: Teilnehmer A generiert sich ein asymmetrisches Schlüsselpaar. Den öffentlichen Schlüssel übermittelt er der Schlüsselverteilzentrale über einen offenen Kanal. Zur Überprüfung der Unversehrtheit des öffentlichen Schlüssels druckt Teilnehmer A diesen aus und sendet ihn per Post der SVZ zu. Die Identität von A kann bei der SVZ durch Vergleich des übermittelten Schlüssels mit dem Ausdruck überprüft werden. Anschließend signiert die SVZ den öffentlichen Schlüssel, damit andere Teilnehmer sich von der Echtheit des Schlüssels überzeugen können.

Diese Verfahrensweise der gesicherten Schlüsselübermittlung kann auch in symmetrischen Kryptosystemen eingesetzt werden. Die Zertifizierung macht hier zwar keinen Sinn, da der Masterschlüssel geheim bleiben muß, aber es besteht die Möglichkeit, die Echtheit des Schlüssels zu überprüfen.

[51] Vgl. Kapitel 6.7, S. 53 - 56, Digitale Unterschrift

5.3 Probleme bei der Authentifizierung

Im folgenden geht es darum, wie ein Teilnehmer in Computersystemen als echt identifiziert werden kann. Dies betrifft sowohl die Überprüfung eines Teilnehmers gegenüber einem Rechner, wie auch die Überprüfung zwischen zwei Teilnehmern.

Asymmetrische Kryptosysteme bieten den Vorteil, daß bei Einsatz von Zertifizierungsinstanzen die Authentizität des Erstellers des öffentlichen Schlüssels überprüft werden kann. Stehen derartige Stellen nicht zur Verfügung, muß man die Überprüfung des Kommunikationspartners anders vornehmen.

Authentifizierung mit Einwegfunktionen

Diese Authentifizierung wird für die Anmeldung eines Teilnehmers an einen Rechner eingesetzt. Im Internet ist dies zum Beispiel der Rechner des Serviceanbieters für den Zugang (Provider). Die Identifizierung wird normalerweise durch Benutzerkennungen in Verbindung mit Paßwörtern gelöst. Ein Paßwort kann aus beliebigen Zeichen bestehen und hat wie die Benutzerkennung eine feste Länge. Die Authentifizierung mittels Einwegfunktion erfolgt folgendermaßen:

(1) Peter übermittelt die Benutzerkennung und das Paßwort.

(2) Der Rechner wendet auf das Paßwort eine Einwegfunktion an.

(3) Der Rechner vergleicht den Wert der Einwegfunktion mit einem auf dem Rechner abgelegten Wert. Außerdem wird die Benutzerkennung auf Gleichheit geprüft. Bei Übereinstimmung der Informationen wird Peter akzeptiert.

Die Sicherheit dieser Methode beruht darauf, daß ein Angreifer, der verschlüsselte Paßwortlisten vom Rechner stehlen sollte, damit nichts anfangen kann, denn bei der Einwegfunktion ist es praktisch unmöglich, das Originalpaßwort zu ermitteln.

Schutz vor einem Lauschangriff bietet dieses Konzept jedoch nicht. Die Angaben für den Zugang zum Rechner werden unverschlüsselt übermittelt, somit kann sich ein Lauscher unter der Identität des Senders am Rechner anmelden. In der Praxis arbeiten alle Internet-Provider für Privatkunden nach diesem Verfahren.

Asymmetrische Authentifizierung

Das Problem des Lauschangriffs ist mit Public-Key-Kryptographie lösbar:

(1) Peter meldet sich unter Angabe einer Benutzerkennung an.

(2) Bei Gültigkeit sendet der Rechner eine zufällige beliebig lange Bitfolge zurück.

(3) Peter chiffriert die Bitfolge mit seinem privaten geheimen Schlüssel und übermittelt das Chiffrat an den Rechner.

(4) Der Rechner dechiffriert die Nachricht mit Peters öffentlichem Schlüssel und vergleicht die erhaltene Bitfolge mit der ursprünglich abgesandten. Stimmen beide überein, ist Peter authentifiziert.

Diese Methode funktioniert analog zum Hausschlüssel: Wenn sich die Tür öffnet, ist der Beweis der Echtheit des Teilnehmers erbracht. Einem Angreifer nützt das Abhören der Leitung nichts, da er nicht vorhersagen kann, welche Zufallszahl das nächste Mal zu „erraten" ist. Dieses System ist perfekt. In der Praxis muß man allerdings eine relativ lange Anmeldungszeit beim Rechner in Kauf nehmen[52].

Zur Authentifizierung zwischen zwei Teilnehmern wird dem Gegenüber eine beliebige Nachricht gesendet, die zuvor mit dessen öffentlichem Key verschlüsselt wurde. Er kann sie mit seinem geheimen Schlüssel entschlüsseln und wieder zurücksenden. Der Nachteil besteht darin, daß vor dem eigentlichen Nachrichtenaustausch die Authentifizierung immer gesondert erfolgen muß.

---

[52] Vgl. Kapitel 4.2.1, S. 27 - 28, Kryptographie mit öffentlichen Schlüsseln

6 Erweiterte kryptographische Techniken

6.1 Protokolle

Mit den bisher dargestellten Grundlagen zur Verschlüsselung und Authentifizierung lassen sich die kryptographischen Grundprobleme[53] lösen. Im folgenden werden Techniken vorgestellt, die diese Grundlagen ganz oder teilweise benutzen. Das Umsetzen dieser Techniken erfordert das Einhalten bestimmter Kommunikationsregeln. Darunter versteht man die Beschreibung, wie sich Sender und Empfänger schrittweise für den erfolgreichen Austausch von Informationen zu verhalten haben. Diese Kommunikationsregeln bezeichnet man als Protokolle.

6.2 Secret Splitting

Secret Splitting ist eine Methode, Informationen aufzuspalten. Man zerlegt eine verschlüsselte Nachricht in zwei oder mehr Teile, die einzeln wertlos sind und zusammengesetzt wieder die ursprüngliche Nachricht ergeben. Die Methode ist absolut sicher und beruht auf dem One-Time-Pad-Verfahren. Unterstellen wir, Peter und Mike schließen eine Wette auf ein Ereignis ab, bei der sich Peter vorher festlegen muß. Seine Entscheidung muß bis zum Eintreffen des Ereignisses jedoch geheim bleiben, damit Mike den Lauf der Dinge nicht verändern kann. Das Protokoll hierzu sieht folgendermaßen aus:

(1) Peter erzeugt eine Zeichenkette x mit zufälligen Bits, die genauso lang ist wie die Nachricht m.

(2) Peter nimmt eine XOR-Verknüpfung vor und erhält das Chiffrat $c=m \oplus x$.

(3) Peter übersendet Mike x und Margit c, damit hat er sich verbindlich festgelegt.

(4) Nach Eintritt des Ereignisses verknüpfen Margit und Mike die beiden Teile und erhalten die Nachricht durch $m=c \oplus x$.

[53] Vgl. Kapitel 3.2, S. 11 – 12, Grundprobleme kryptographischer Sicherheit

Das Secret Splitting kann für Zwecke der Vertraulichkeit und Verbindlichkeit eingesetzt werden. Es läßt sich durch aufeinanderfolgende XOR-Verknüpfungen beliebig erweitern.

6.3 Hybride Kryptosysteme

Bei hybriden Systemen werden die Vorteile von symmetrischen und asymmetrischen Kryptosystemen miteinander verbunden: die wesentlich höhere Geschwindigkeit und das einfachere Schlüsselmanagement. Für den Austausch des Kommunikationsschlüssels wird eine asymmetrische Verschlüsselung eingesetzt, der Nachrichtenaustausch erfolgt dann mittels des Kommunikationsschlüssels symmetrisch verschlüsselt. Das Verfahren kann zum Schlüsselaustausch und zur Nachrichtenübermittlung verwendet werden, bietet aber keine sichere Authentifizierung der Teilnehmer. Beim RSA-Verfahren sieht der Schlüsselaustausch folgendermaßen aus:

(1) Margit sendet Peter ihren öffentlichen Schlüssel (e, n) zu oder Peter besorgt sich diesen von einer SVZ.

(2) Peter generiert einen zufälligen Kommunikationsschlüssel k, wobei gilt $k<n$, und chiffriert ihn mit Margits öffentlichen Schlüssel, er berechnet $c=k^e \mod n$.

(3) Peter sendet das Chiffrat an Margit.

(4) Margit dechiffriert die Nachricht mit ihrem geheimen Schlüssel d und erhält den gemeinsamen Kommunikationsschlüssel, sie berechnet $k=c^d \mod n$.

Der Vorteil dieses Verfahrens besteht darin, daß der Kommunikationsschlüssel zufällig und einmalig ist, damit werden wiederholte Einspielungen von Nachrichten sofort entdeckt. Der Nachteil liegt darin, daß ein Man-in-the-Middle-Angriff selbst dann nicht auszuschließen ist, wenn Peter sich Margits öffentlichen Schlüssel von einer SVZ besorgt.

Ein Betrug fällt viel zu spät oder gar nicht auf:

(1) Der Angreifer fängt Peters Anforderung des öffentlichen Schlüssels ab und schickt dafür seinen.

(2) Peter führt die Schritte (2) und (3) des obigen Protokolls aus.

(3) Der Angreifer lauscht mit und dechiffriert den von Peter berechneten Kommunikationsschlüssel.

(4) Margit berechnet ebenfalls den Kommunikationsschlüssel.

Tauschen Margit und Peter mit dem Kommunikationsschlüssel chiffrierte Nachrichten aus, kann der Angreifer nicht nur mitlauschen, er kann die Nachricht sogar unbemerkt ändern. Ein Verfahren, das dieses Problem behebt, wird im folgenden Kapitel dargestellt.

6.4 Diffie-Hellman-Verfahren

Das Diffie-Hellman-Verfahren basiert auf dem Konzept der asymmetrischen Verschlüsselung und eignet sich für die sichere Verteilung von Schlüsseln mit zwei oder mehr Teilnehmern. Betrachten wir zunächst den Fall mit zwei Teilnehmern.

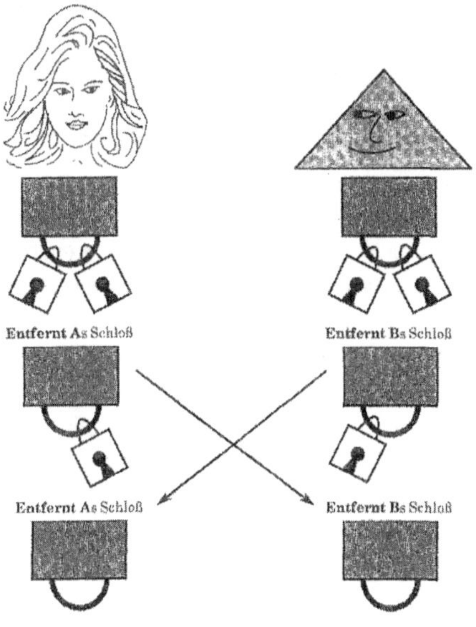

Abbildung 6-1: Koffermodell des Diffie-Hellman-Schlüsselaustauschs[54]

[54] Beutelsbacher (1996), S. 140

Der zu schützende geheime Kommunikationsschlüssel k befindet sich im Koffer, beide Kommunikationsteilnehmer besitzen je eine identische Kopie. Der Koffer ist mit jeweils zwei Schlössern verschlossen, eines stammt vom Teilnehmer A, das andere von B. Vor dem Austausch der Koffer entfernt zunächst jeder das Schloß, zu dem er einen (geheimen) Schlüssel besitzt. Nach dem Austausch schließt jeder das verbliebene Schloß wiederum mit seinem geheimen Schlüssel auf. Im Ergebnis können beide Teilnehmer den Koffer öffnen und gelangen zum Kommunikationsschlüssel k.

Dieses Modell sieht im Protokoll folgendermaßen aus: Peter und Margit vereinbaren eine Primzahl n und eine natürliche Zahl $s<n$. Die Zahlen müssen nicht geheim gehalten werden und können über einen offenen Kanal ausgetauscht werden.

(1) Peter wählt eine zufällige Zahl $x<(n-1)$ aus und berechnet $p=s^x \bmod n$.

(2) Peter übersendet Margit diese Zahl p.

(3) Margit wählt eine zufällige Zahl $y<(n-1)$ aus und berechnet $m=s^y \bmod n$.

(4) Margit übersendet Peter diese Zahl m.

(5) Peter berechnet den Schlüssel k durch $k=m^x \bmod n$.

(6) Margit berechnet den Schlüssel k durch $k=p^y \bmod n$.

Das Verfahren funktioniert, da k sich aus $k=s^{xy} \bmod n$ ergibt[55]. Die Zahl k stellt einen geheimen Schlüssel dar, den sich die Teilnehmer erst errechnen. Weil über die Leitung nur die Zahlen s, n, p und m gesendet werden, ist dieses Verfahren vor einem Angreifer sicher, denn dieser müßte bei gegebenen $p=s^x \bmod n$ die Zahl x berechnen, was bei der Wahl einer entsprechend großen Zahl n praktisch unmöglich ist. Analog der RSA-Verschlüsselung bedeutet groß, daß die Zahl mindestens 200 Stellen haben sollte. Die Schwierigkeit, einen Exponentenwert einer Modulo-Funktion zu bestimmen, nennt man Problem des diskreten Logarithmus, welches nach Beutelsbacher[56] mindestens so schwierig ist, wie das Faktorisieren großer Zahlen.

---

[55] Vgl. Beutelspacher (1996), S. 138

[56] Vgl. Beutelsbacher (1996), S. 139

Das Verfahren ist auf mehrere Teilnehmer beliebig erweiterbar. Kommt der Teilnehmer Wolfgang w hinzu, berechnet sich $k=p \cdot m \cdot w=s^{xyz}$ mod n. Die berechneten Zahlen p, m und w werden bei mehreren Teilnehmern im Kreis getauscht, so daß jeder eine berechnete Zahl eines anderen Teilnehmers erhält und sich den Schlüssel k berechnen kann.

6.5 ElGamal-Verfahren

In Kombination mit einer symmetrischen Nachrichtenverschlüsselung kann das Diffie-Hellman-Verfahren als hybrides System zur sicheren Nachrichtenübermittlung eingesetzt werden. Diese Variante bezeichnet man als ElGamal-Verschlüsselungsschema, die auf Taher ElGamal vom Hewlett-Packard Forschungslaboratorium in Palo Alto zurückgeht[57].

Der von Margit berechnete Wert m stellt ihren öffentlichen Schlüssel dar, sie macht ihn vorab bekannt, der Wert y ist ihr privater asymmetrischer Schlüssel. Der zu berechnende Schlüssel k ist der geheime symmetrische Kommunikationsschlüssel, mit ihm wird die Nachricht verschlüsselt. Eine Nachrichtenübermittlung von Peter an Margit sieht so aus:

(1) Peter besorgt sich Margits öffentlichen Schlüssel m und berechnet den geheimen Kommunikationsschlüssel $k=m^x$ mod n. Der Wert x ist sein privater asymmetrischer Schlüssel.

(2) Peter chiffriert die Nachricht mittels eines vorher festgelegten symmetrischen Algorithmus und des geheimen Schlüssels k.

(3) Peter sendet die verschlüsselte Nachricht zusammen mit seinem öffentlichen Schlüssel p an Margit.

(4) Margit ermittelt mit Hilfe von Peters öffentlichem Schlüssel p den geheimen Schlüssel $k=p^y$ mod n und dechiffriert damit die Nachricht.

In einer Benutzergruppe ist es vorteilhaft, wenn Peter seinen öffentlichen Schlüssel vorab ebenfalls bekannt macht. In Schritt (3) braucht dann nur die verschlüsselte Nachricht übermittelt zu werden, für die Dechiffrierung der Nachricht (4) muß sich jeder Empfänger dann den Schlüssel selbst besorgen.

[57] Vgl. Beutelsbacher (1996), S. 141

Das zuletzt dargestellte Protokoll hat sich verkürzt, weil die Werte s und n zur Berechnung der öffentlichen Schlüssel nicht mehr vorher ausgetauscht werden müssen. Daraus ergibt sich aber der Nachteil, daß sich der berechnete Kommunikationsschlüssel solange nicht ändert, wie keine anderen öffentlichen Schlüssel bekannt gemacht werden.

Der Vorteil des Diffie-Hellman-Konzepts ist die Tatsache, daß ein Man-in-the-Middle-Angriff unmöglich ist, wenn die privaten Schlüssel x und y wirklich geheim gehalten werden.

6.6 Fiat-Shamir-Protokoll

Das Fiat-Shamir-Protokoll wurde 1986 von den israelischen Mathematikern Adi Shamir und Amos Fiat vorgestellt[58]. Es ist ein Protokoll zur Teilnehmerauthentifizierung.

Für dieses Verfahren wird zunächst ein gemeinsamer Schlüssel n als Produkt zweier zufälliger Primzahlen p und q berechnet. Die Primzahlen werden anschließend gelöscht; das Produkt n steht allen Benutzern zur Verfügung. Jeder Teilnehmer erzeugt sich einen geheimen Schlüssel k als zufällige natürliche Zahl mit $k<n$. Danach berechnet er $v=k^2 \; mod \; n$ und gibt v als öffentlichen Schlüssel bekannt. Die Authentifizierung läuft im folgenden Protokoll ab:

(1) Margit berechnet eine Zufallszahl $r<n$, berechnet daraus $x=r^2 \; mod \; n$ und übersendet x an Peter.

(2) Peter speichert das empfangene x und berechnet ein Zufallsbit b, das er Margit zurücksendet.

(3) Falls $b=0$ berechnet Margit $y=r$, andernfalls $y=r \cdot k \; mod \; n$ und sendet das Ergebnis an Peter zurück.

(4) Peter prüft, falls $b = 0$, ob $y^2 \; mod \; n=x$,
andernfalls ob $y^2 \; mod \; n=x \cdot v \; mod \; n$.
Sollte die Prüfung negativ ausfallen, wird die Authentifizierung abgebrochen.

[58] Vgl. Beutelsbacher (1996), S. 97

Ein passiver Angreifer, der die Leitung nur abhört, kann im Fall $b=1$ aus y den geheimen Schlüssel k berechnen, wenn er r kennt. Da das modulare Quadrieren jedoch eine praktisch sichere Einwegfunktion ist, kann er r nicht aus x berechnen, auch wenn er n ebenfalls kennt. Ein aktiver Angreifer, der versucht, sich als jemand anderer auszugeben, muß b richtig voraussagen. Da er das mit einer Wahrscheinlichkeit von 50 Prozent tun kann, wird das beschriebene Protokoll mit der Wiederholung t ausgeführt. Für $t>23$ sind die Chancen eines Angreifers auf sechs Richtige im Lotto besser, als bei diesem Algorithmus unerkannt zu bleiben[59]. Die Geschwindigkeit des hier eingesetzten Algorithmus ist gegenüber RSA wesentlich schneller, da laut Schneier[60] nur etwa ein bis vier Prozent der modularen Operationen von RSA erforderlich sind. Bei heutigen Rechnerleistungen eignet sich das Fiat-Shamir-Protokoll damit für den Einsatz in der Praxis, zumal technisch die Möglichkeit besteht, die Mehrfachausführung des Protokolls zu parallelisieren.

Im weiteren geht es nun darum, die Authentizität von Nachrichten sicherzustellen.

6.7 Digitale Unterschrift mit asymmetrischen Verfahren

Die Authentizität von Briefen wird normalerweise durch eine Unterschrift bestätigt. Eine elektronische Nachricht (eMail) kann mit Hilfe von asymmetrischen Kryptosystemen auch nachprüfbar unterzeichnet werden, dabei wird der private Schlüssel für die Erstellung der Unterschrift und der öffentliche Schlüssel für die Prüfung (Verifizierung) verwendet. Digitale Unterschriften besitzen den Vorteil, daß sie bei Verwendung der nachfolgend dargestellten Verfahren nicht zu fälschen sind. Handgeschriebene Signierungen sind verhältnismäßig leicht nachzumachen.

Die Anwendung des asymmetrischen Verfahrens erfolgt mit vertauschter Reihenfolge der Schlüssel. Der Klartext wird nicht wie bei der gewöhnlichen asymmetrischen Nachrichtenverschlüsselung mit dem öffentlichen Key des Empfängers, sondern mit dem privaten Key des Senders verschlüsselt.

---

[59] Die Wahrscheinlichkeit auf 6 Richtige beim deutschen Lotto 6 aus 49 beträgt 1 zu 14,08 Millionen, oder $2^{23,75}$, berechnet nach der Fakultät $1/\binom{49}{6}$.

[60] Vgl. Schneier (1996), S. 579

Obwohl die Nachricht dadurch chiffriert wird, bezeichnet man diesen Vorgang als digitale Signatur der Nachricht, denn Sinn dieses Verfahrens ist es, daß sich prinzipiell jeder den öffentlichen Schlüssel des Senders besorgen und diesen auf die signierte Nachricht zur Überprüfung der Echtheit anwenden kann.

Digitale Unterschrift mit RSA

Beim RSA-System sieht das Protokoll wie folgt aus:

(1) Peter verschlüsselt die Nachricht mit seinem privaten Schlüssel d, wodurch er die Nachricht signiert, er rechnet $c=m^d \bmod n$.

(2) Peter sendet das Chiffrat c an Margit ab.

(3) Margit dechiffriert die Nachricht mit Peters öffentlichem Schlüssel (e, n), damit prüft sie die Echtheit der Unterschrift, sie rechnet $m=c^e \bmod n$.
Bei korrekter Entschlüsselung der Nachricht ist die Unterschrift echt.

Drei der in Kapitel 3.1 angesprochenen Grundprobleme kryptographischer Sicherheit werden damit gelöst: Der Empfänger authentifiziert die Unterschrift mittels des öffentlichen Schlüssels. Damit ist auch die Integrität gewährleistet, denn bei Fälschung könnte die Nachricht nicht mehr entschlüsselt werden. Die Unterschrift ist auch verbindlich, da der Empfänger ohne Einwirken des Senders die Unterschrift verifizieren kann.

Ein Problem liegt darin, daß das Verschlüsseln einer langen Nachricht wegen der Komplexität des RSA-Verfahrens zu lange dauert. Deshalb wird in der Praxis nicht das gesamte Dokument, sondern lediglich der digitale Fingerabdruck unterschrieben[61].

Dazu erzeugt der Sender mittels einer Hashfunktion eine kryptographische Prüfsumme; nur dieser Fingerabdruck wird dann mit seinem privaten Schlüssel chiffriert. Das Protokoll sieht nun wie folgt aus:

(1) Peter berechnet den Hashwert $hash(m)$ einer Nachricht.

[61] Vgl. Luckhardt (1996), S.111

(2) Peter verschlüsselt den Hashwert mit seinem privaten Schlüssel d, wodurch er die Nachricht mit s unterzeichnet. Das versandfertige Dokument besteht aus $m+s=hash(m)^d \bmod n$.

(3) Peter schickt die unverschlüsselte Nachricht m mit verschlüsseltem Fingerabdruck s an Margit ab.

(4) Margit berechnet mit der gleichen Hashfunktion den Hashwert $hash'(m)$. Dann dechiffriert sie den übersandten Fingerabdruck c mit Peters öffentlichem Schlüssel (e, n) und vergleicht die Übereinstimmung von berechnetem und übersandtem Hashwert. Bei Übereinstimmung ist die Unterschrift gültig. Sie rechnet $hash(m)=s^e \bmod n$ und prüft $hash(m)=hash'(m)$.

Digitale Unterschriften nach dem DSS

Der DSS *(Digital Signature Standard)* wurde als lizensfreie Alternative zur RSA-Signatur von der NSA entwickelt. Der Standard sieht nur die digitale Signatur vor, er ist kein Verschlüsselungsalgorithmus. Er arbeitet mit dem DSA-Algorithmus[62] *(digital signature algorithm)* und dem Hashverfahren SHA1. Das Verfahren benötigt folgende Parameter:

p	Eine Primzahl zwischen 512 und 1024 Bit
q	Ein 160 Bit langer Primfaktor von $p-1$
h	Eine beliebige Zahl kleiner $p-1$
g	Berechnet sich aus $g=h^{(p-1)/q} \bmod p$
x	Der private Schlüssel, eine 160-Bit lange Zahl kleiner q.
y	Der öffentliche Schlüssel berechnet sich aus $y= g^x \bmod p$.

Die Parameter p, q und g sind öffentlich bekannt. Das Protokoll verläuft folgendermaßen:

(1) Peter generiert eine Zufallszahl k, die kleiner ist als q. Er berechnet $r=(g^k \bmod p) \bmod q$ und $s=(k^{-1} (hash(m) + xr)) \bmod q$.
Die Werte s und r bilden die Unterschrift der Nachricht.

(2) Peter sendet die Nachricht mit den Werten s und r an Margit.

---

[62] Der DSA-Algorithmus wird nicht im einzelnen beschrieben, da es hier vielmehr darauf ankommt, das Austauschprotokoll als solches darzustellen. Diese Darstellung wird für als Grundlage für Kapitel 7.1 benötigt. Die hier dargestellten Formeln und eine Übersicht des Algorithmus mit entsprechenden Quellenhinweisen finden sich bei Schneier (1996), S. 557 u. 558.

(3) Margit prüft die Unterschrift, indem sie rechnet:

$w = s^{-1} \bmod q$

$a = (hash(m) \cdot w) \bmod q$

$b = (rw) \bmod q$

$v = ((g^a \cdot y^b) \bmod p) \bmod q$

Die Unterschrift ist verifiziert, wenn $v = r$ ist.

Erfolgreiche Angriffe gegen den DSS sind nicht bekannt, Schneier weist allerdings darauf hin[63], daß die Sicherheit des DSS nur gewährleistet ist, wenn er nach dem vorgesehenen Standard implementiert wird. Dies bedeutet u. a. eine Schlüssellänge von 1024 Bits und die Verwendung einer dort beschriebenen Methode zur Erzeugung der Primzahlen. Außerdem muß für die Erzeugung der Zahl k ein guter Zufallsgenerator verwendet werden.

Alle dargestellten Protokolle sind brauchbar, sofern das vierte Grundproblem kryptographischer Sicherheit, die Vertraulichkeit, nicht gelöst werden muß. Das erste Protokoll verschlüsselt die Nachricht nicht im Sinne der Geheimhaltung, denn jeder kann sich den öffentlichen Schlüssel besorgen und die Nachricht damit lesbar machen. Ist aber zusätzlich die Vertraulichkeit zu gewährleisten, muß man mit digitaler Signatur und Verschlüsselung arbeiten.

6.8 Digitale Unterschrift mit Verschlüsselung

Zwecks Geheimhaltung kann man die Nachricht geeigneterweise nach der Signatur verschlüsseln. Damit wird zusätzlich die digitale Unterschrift vor Angriffen geschützt. Während Schneier für die Verschlüsselung bei der digitalen Unterschrift ein asymmetrisches Verfahren empfiehlt[64], kann man genauso gut symmetrische Verfahren für die Chiffrierung einsetzen. Das RSA-Protokoll verläuft so:

(1) Peter berechnet den Hashwert $hash(m)$ einer Nachricht.

(2) Peter verschlüsselt den Hashwert mit seinem privaten Schlüssel, wodurch er die Nachricht mit der Signatur s versieht: $m_s = m + s = hash(m)^d \bmod n$

[63] Vgl. Schneier (1996), S. 557, 559, 563

[64] Vgl. Schneier (1996), S. 49

(3) Peter chiffriert die signierte Nachricht mittels Margits öffentlichen Schlüssels e (asymmetrisch) oder des geheimen gemeinsamen Schlüssels k (symmetrisch): $E_e(m_s)=c$ $E_k(m_s)=c$

(4) Peter sendet die verschlüsselte Nachricht mit Signatur s an Margit.

(5) Margit dechiffriert die Nachricht entweder mit ihrem privaten Schlüssel d (asymmetrisch) oder mit dem geheimen gemeinsamen Schlüssel k (symmetrisch): $D_d(c)=D_d(E_e(m_s))=m_s$ $D_k(c)=D_k(E_k(m_s))=m_s$

(6) Margit berechnet mit der gleichen Hashfunktion den Hashwert $hash'(m)$. Danach dechiffriert sie den übersandten Fingerabdruck mit Peters öffentlichem Schlüssel und vergleicht die Übereinstimmung von berechnetem und übersandtem Hashwert. Bei Übereinstimmung ist die Unterschrift gültig: $m_s = m+s=hash(m)^d \bmod n$

$hash(m)=s^e \bmod n$

$hash(m)=hash'(m)$.

6.9 Blinde digitale Unterschrift

Blinde Signaturen sind dadurch charakterisiert, daß der Empfänger im Gegensatz zur normalen digitalen Unterschrift nicht weiß, was er unterschreibt. Vergleichbar ist dies mit der Beurkundung eines Dokuments durch einen Notar, der die Authentizität und Integrität des Dokuments bescheinigt. Der Inhalt ist ihm dabei in der Regel egal. Blinde Unterschriften lassen sich zur Wahrung der Anonymität des Teilnehmers einsetzen. Ein Konzept hierzu wurde erstmalig von David Chaum entworfen, der dieses Prinzip für die Herstellung der Analogie von echtem und elektronischem Geld einsetzte[65].

Sein Modell wird im nächsten Kapitel dargestellt. Für die erste Realisierung verwendete er den RSA-Algorithmus, das Protokoll stellt sich wie folgt dar:

(1) Peter besorgt sich Margits öffentlichen Schlüssel (e, n) und wählt eine Zufallszahl z mit der Eigenschaft $1<z<n$, daraufhin wendet er die Verschlüsselungsfunktion in modifizierter Form an: $c=mz^e \bmod n$. Damit kann Margit die Nachricht nicht mehr mit ihrem privaten Schlüssel dechiffrieren.

[65] Vgl. Chaum (1987), http://www.digicash.com/publish/bigbro.html

(2) Peter übersendet Margit die verschlüsselte Nachricht.

(3) Margit unterschreibt die Nachricht mit ihrem privaten Schlüssel d, indem sie das Chiffrat c einfach potenziert. Damit erhält man: $c^d = (mz^e)^d \bmod n$

(4) Margit sendet das unterzeichnete Chiffrat an Peter zurück.

(5) Peter errechnet die signierte Nachricht s, indem er die Zufallszahl wieder herausrechnet: $s = c^d / z \bmod n$. Das Ergebnis entspricht der einfachen digitalen Signatur $s = m^d \bmod n$.

(6) Peter kann die Unterschrift verifizieren, indem er mit Margits öffentlichem Schlüssel (e, n) die signierte Nachricht prüft: $m = s^e \bmod n$

Die blinde Signatur besitzt alle Merkmale der digitalen Signatur: Der Empfänger oder jeder andere kann sich mit Schritt (6) davon überzeugen, daß der Empfänger die Nachricht unterzeichnet hat. Die besondere Eigenschaft dieses Verfahrens besteht darin, daß außer dem Sender niemand den Inhalt der Nachricht kennt oder sagen kann, in welchem Zusammenhang die Nachricht unterzeichnet worden ist.

Die Zahl z wird Blindfaktor genannt. Als zusätzlicher Faktor in die Verschlüsselungsformel eingebracht, verschleiert er den Inhalt der Nachricht. Peter kann Margit zehn Briefe vorlegen, die sie digital unterschrieben hat. Sie kann prüfen, daß die Unterschriften tatsächlich von ihr stammen, aber niemals kann sie sagen, wann und wozu sie dies getan hat. Dieses Phänomen der Anonymität der Nachricht wird beim digitalen Geld eingesetzt.

Bei der blinden digitalen Signatur kann auch Peter persönlich anonym bleiben, indem er seine elektronische Post über Mike schickt. Dieser tritt dann als Vermittler auf. Sammelt Mike sämtliche für Margit anfallenden Nachrichten, so kann sie ihre blinden Signaturen nicht einmal einer bestimmten Person zuordnen.

6.10 Digitales Geld

Bisher werden für das Bezahlen per Computer via Internet in erster Linie Kreditkarten verwendet. Der Karteninhaber übermittelt dabei dem angewählten Zahlungsempfänger seine Kreditkartennummer. Der Betrag wird anschließend über die Kreditkartengesellschaft abgerechnet. Da das Internet ein offenes System ist und die Daten meist nicht oder nur unzureichend verschlüsselt übersandt werden, besteht die Gefahr des Mißbrauchs. Zudem ist auf diesem Weg beim Bezahlen keine Anonymität des Kunden gewährleistet.

Modell des elektronischen Geldes

Gewöhnliches Bargeld besitzt die Eigenschaft, daß es anonym ist. Der Weg ist nicht zurück verfolgbar, damit ist die Privatsphäre des einzelnen geschützt. Damit Verbraucher elektronisches Geld akzeptieren, sollte es sich genauso wie Bargeld verhalten, im Idealfall hat es nach Pommerening folgende Eigenschaften[66]:

1. *Fälschungssicherheit;* nur autorisierte Stellen können Geld anfertigen.
2. *Universalität;* das Geld kann über Netze transferiert und an beliebiger Stelle verwendet werden.
3. *Einmalverwendbarkeit;* das Geld kann nicht unbemerkt mehrfach ausgegeben werden.
4. *Anonymität;* niemand kann die Verbindung zwischen der Identität des Käufers und dem Geld bzw. Kaufvorgang herstellen.
5. *Übertragbarkeit;* das Geld kann an andere Besitzer weitergegeben werden.
6. *Teilbarkeit;* das Geld kann in Teilbeträgen ausgegeben werden.
7. *Offline-Eigenschaft;* an keiner Stelle des Protokolls ist eine Kommunikationsverbindung zu einer Bank oder anderen Zentralstelle nötig.

---

[66] Vgl. Pommerening (1996), http://www.uni-mainz.de/~pommeren/DSVorlesung/ecash.html

Ein realistisch durchführbares Protokoll, welches alle sieben Eigenschaften erfüllt, gibt es bisher nicht. Aber es gibt ein praktiziertes Protokoll, welches die Eigenschaften eins bis sechs erfüllt[67]. Eine Verbraucherakzeptanz ist trotzdem möglich, wenn die aus Punkt sieben resultierende Online-Prüfung der elektronischen Werteinheiten auf das Verhältnis Händler-Bank verlagert wird.

David Chaum stellte erstmalig 1985 mit seinem Modell der nichtverfolgbaren Zahlungsweise („untraceable electronic cash") vor, wie elektronisches Geld unter Wahrung der Privatsphäre des einzelnen realisiert werden kann[68]:

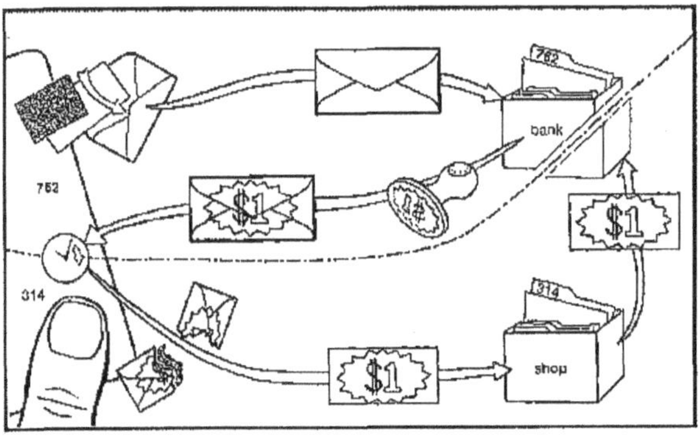

Abbildung 6-2: Modell des elektronischen Geldes nach David Chaum

(1) Peter steckt ein leeres Blatt Papier und ein Blatt Kohlepapier zusammen in einen Umschlag und übergibt diesen signiert seiner Bank.

(2) Die Bank prüft die Unterschrift, belastet Peters Konto mit einem Dollar und stempelt den ungeöffneten Umschlag mit dem entsprechenden Wert. Hierbei wird durch das Kohlepapier eine Kopie des Stempels auf dem leeren Papier im Umschlag erstellt. Nun gibt die Bank den Umschlag gegengezeichnet zurück (blinde Signatur).

(3) Peter prüft die Unterschrift, öffnet den Umschlag, entnimmt das Papier mit der Stempelkopie und bezahlt damit sofort oder später beim Händler.

(4) Nach Erhalt reicht der Händler das Papier schließlich an die Bank weiter.

---

[67] Vgl. Kapitel 7.2, S. 74 ff., DigiCash

[68] Vgl. Chaum (1987), http://www.digicash.com/publish/bigbro.html

Im Ergebnis kann die Bank zwar feststellen, daß das Ein-Dollar-Papier von ihr vergeben wurde, sie kann aber nicht sagen, für wen sie diesen Geldwert ursprünglich ausgestellt hat. Das Kriterium der Fälschungssicherheit erfüllt dieses Modell nicht, der Kunde kann das Wertpapier einfach kopieren.

Prinzip des digitalen Geldes

Anonymes digitales Geld basiert auf digitalen Signaturen und asymmetrischen Kryptosystemen. Die Bank besitzt den privaten Key, alle Kunden den öffentlichen. Zuerst erzeugt der Kunde eine Zufallszahl, gleichbedeutend einer elektronischen Münze mit einem vereinbarten Wert, und übersendet sie verschlüsselt seiner Bank. Für die Verschlüsselung benutzt er den öffentlichen Schlüssel und einen von ihm gewählten Blindfaktor. Die Bank unterzeichnet die Zufallszahl blind mit ihrem privaten Schlüssel und sendet die digital unterschriebene Zufallszahl zurück zum Kunden. Der Kunde rechnet den Blindfaktor wieder heraus und erhält die signierte Münze, er bezahlt damit beim Händler, die Signatur der Bank gewährleistet die Echtheit dieser digitalen Münze. Anhand des öffentlichen Keys der Bank kann sich jeder von der Echtheit der Signatur überzeugen. Die Bank selbst bekommt irgendwann die elektronische Münze zur Einlösung überreicht. Da sie die ursprüngliche Zufallszahl blind unterzeichnet hat, kann sie keine Rückschlüsse auf den Absender ziehen, die Anonymität des Kunden bleibt gewährleistet.

Problem der doppelten Bezahlung

Das Problem bei diesem System ist, zu verhindern, daß der Kunde eine Münze kopiert und bei einem anderen Händler erneut vorlegt. Um das auszuschließen, muß der Händler über eine Online-Verbindung mit der Bank verfügen, damit er die Anzahl der bereits eingereichten Signaturen (= Anzahl der Münzen) abfragen kann. Ansonsten ist ein Aufspüren eines Betrügers unmöglich, denn weder Händler noch Bank kennen die Identität des Betrügers.

Es gibt Protokolle, die auch vollständigen Offline-Verkehr zulassen. Im Betrugsfall kann man dann trotzdem die Identität des Betrügers ermitteln, während der ehrliche Kunde geschützt bleibt, derartige Protokolle befinden sich allerdings noch nicht im Einsatz[69].

---

[69] Vgl. Reif (1997), S. 182

Chaum, Fiat und Naor haben hierzu eine Methode entwickelt[70], die dem Kunden beim Bezahlen eine Zufallszahl abverlangt, mit der er im Betrugsfall seine Identität preisgibt. Derartige Methoden sind auch unter der Bezeichnung *„Cut & Choose-Technik“*[71] bekannt. So ein Protokoll funktioniert wie folgt:

(1) Peter generiert 100 Zufallsnummern und versieht jede Münze zusätzlich mit einer persönlichen Identifikation. Jede persönliche Identifikation wird mit einem Secret-Split-Protokoll[72] in eine rechte und eine linke Hälfte aufgespalten. Die Aufspaltung erfolgt eindeutig so, daß rechte und linke Hälfte beliebiger Münzen nicht vertauschbar sind, nur zusammengehörige ergeben die Identifikation. Jede Zufallsnummer stellt einen vereinbarten Wert dar. Außerdem besitzt jede Münze eine zufällig gewählte Eindeutigkeitsfolge, die so lang ist, daß eine Doppelvergabe ausgeschlossen ist.

(2) Peter verschlüsselt jede Münze, bestehend aus einer Zufallsnummer und je einer rechten und linken Identifikationshälfte, asymmetrisch mit dem öffentlichen Schlüssel der Bank und einem gewählten Blindfaktor.

(3) Peter übersendet 100 Münzen der Bank.

(4) Die Bank wählt zufällig 99 Münzen aus und bittet Peter, diese 99 Münzen erneut zu übersenden, dabei aber chiffriert ohne Blindfaktor (= einfach digital signiert) und mit offengelegter Identifikation.

(5) Die Bank dechiffriert die Münzen mit dem privaten Schlüssel und überzeugt sich von der Ordnungsmäßigkeit der 99 Identifikationen. Die Wahrscheinlichkeit für Peter zu betrügen und unentdeckt zu bleiben, beträgt ein Prozent.

(6) Ist die Bank von der Vertrauenswürdigkeit Peters Angaben überzeugt, signiert sie die übriggebliebene, verdeckte Münze blind und sendet sie Peter zurück.

(7) Peter rechnet den Blindfaktor heraus und bezahlt damit beim Händler. Er muß dabei beim Händler zufällig die rechte oder linke Hälfte der Identifikation offenlegen.

(8) Der Händler legt die Münze später bei der Bank vor.

---

[70] Vgl. Chaum (1992), http://www.digicash.com/publish/sciam.html

[71] Vgl. Petersen (1997), S. 406

[72] Vgl. Kapitel 6.2, S. 47, Secret-Split-Protokoll

(9) Die Bank prüft und registriert die Eindeutigkeitsfolge. Ist diese noch nicht vorhanden, ist alles in Ordnung.

(10) Ist die Eindeutigkeitsfolge bereits vorhanden, liegt ein Betrug vor und die Bank löst die Münze nicht ein. Sie ermittelt über die Eindeutigkeitsfolge die Identifikationshälfte der bereits eingereichten Münze. Stimmt diese mit der aktuell eingereichten Identifikationshälfte überein, so hat wahrscheinlich der Händler die Münze fotokopiert. Im anderen Fall besitzt sie die zusammengehörige linke und rechte Hälfte der Identifikation, sie verknüpft diese beiden Hälften mit XOR und erhält so die Identität von Peter.

Das Protokoll schützt nicht vor Betrug, aber dieser wird sicher aufgedeckt und kann verfolgt werden. Solange alles ordnungsgemäß verläuft, bleibt Peter anonym. Allerdings ist das Protokoll nicht effizient, da Peter zum Beweis seiner Vertrauenswürdigkeit der Bank entsprechend viele „Prüfmünzen“ übersenden muß. Je höher der Vertrauensgrad sein soll, desto höher muß der Anteil der aufzudeckenden Münzen sein, wie dargestellt idealerweise 99 Prozent.

Offline-Systeme bieten den Nachteil, daß ein Man-in-the-Middle-Angriff erfolgversprechend ist. Ein Angreifer kann die elektronische Übermittlung der digitalen Münze abfangen und vor dem Händler der Bank vorlegen. Insofern müssen auch Kunde und Händler mit Verschlüsselung arbeiten.

7 Moderne Anwendungen der Kryptographie

7.1 PGP

7.1.1 Beschreibung

PGP steht für *„Pretty Good Privacy"* und wurde von Phil Zimmermann 1991 erstmalig vorgestellt und seitdem ständig weiterentwickelt. Es ist ein Programm zum Verschlüsseln elektronischer Nachrichten und unterstützt Schlüsselverwaltung und digitale Signatur. Die aktuell freigegebene internationale Version ist 2.6.3i; sie ist für nichtkommerzielle Zwecke als Freeware kostenfrei erhältlich und unter den Betriebssystemen Dos, Unix, Amiga, Atari, Macintosh und OS/2 einsetzbar. Ohne Verwendung entsprechender Tools von Fremdherstellern arbeitet sie nur im Textmodus. Bisher ausschließlich für den USA-Markt ist im Juli '97 die neue Version 5.0 für Windows 95 und Windows NT 4.0 erschienen, die neben einer vollständigen grafischen Oberfläche standardmäßig andere Algorithmen verwendet. Die Integration in Oberflächen von eMail-Programmen ist mit der neuen Version problemlos möglich. Illegale Kopien von PGP 5.0 sind auf deutschen Internet-Servern verfügbar; der Einsatz dieser Freeware ist aber nicht strafbar[73], sofern das Heimatland Kryptographie nicht verbietet[74].

7.1.2 Technik des Kryptosystems

PGP ist ein hybrides Verfahren, die eigentliche Verschlüsselung der Nachricht verläuft symmetrisch, während der Schlüsselaustausch asymmetrisch erfolgt. Somit wird der Vorteil der deutlich schnelleren symmetrischen Verschlüsselung für die Nachricht genutzt.

---

[73] Vgl. Luckhardt (8/1997), S. 58; u. Garfinkel (1996), S. XVIII

[74] In Deutschland ist ein Gesetz zur Kryptologieregulierung aktuell in der Diskussion, obwohl Bundesinnenminister Kanther ein entspr. Gesetz forciert, gibt es Stimmen, die derartige Bestrebungen für sinnlos halten.
Vgl. Pohl (1997), S. 53; sowie die Tageszeitung „Frankfurter Rundschau" v. 24.06.1997, „Zunächst kein Krypto-Gesetz"

Versionen 2.6.x

Für die Ver- und Entschlüsselung der Nachricht wird der symmetrische IDEA-Algorithmus mit 128-Bit-Einmalschlüssel eingesetzt. Der geheime symmetrische Kommunikationsschlüssel wird asymmetrisch mittels RSA-Verfahren wahlweise mit bis zu 2048 Bits ver- und entschlüsselt.

Für die Erzeugung digitaler Unterschriften wird die Hashfunktion MD5 verwendet, die eine Prüfsumme der Länge 128 Bits verwendet. Die Chiffrierung der digitalen Unterschrift erfolgt mit dem privaten RSA-Schlüssel.

Version 5.0

Die neue Version arbeitet standardmäßig anstelle von IDEA mit dem symmetrischen Algorithmus CAST, der ebenfalls mit Schlüssellängen von 128 Bits operiert. Zimmermann[75] begründet den Umstieg damit, daß an dem IDEA-Design ein Patent der Fa. Ascom Systec besteht, CAST ist hingegen frei verfügbar. Er sieht darin ein Hindernis zur Etablierung eines akzeptierten Standards. Optional wird IDEA weiterhin unterstützt. Neben CAST und IDEA kann das neue PGP Nachrichten auch mit dem symmetrischen Algorithmus 3DES verschlüsseln; er unterstützt 168-Bit-Schlüssel und ist patentfrei.

Das asymmetrische Schlüsselkonzept wurde auf die Kombination DSS/Diffie-Hellman-Verfahren umgestellt, da das Patent für Diffie-Hellman im August 1997 ausläuft. Das den RSA schützende Patent läuft demgegenüber erst im September 2000 aus[76]. Diffie-Hellman arbeitet mit Schlüssellängen von bis zu 4096 Bits. Da RSA somit für die Verschlüsselung digitaler Unterschriften nicht mehr zur Verfügung steht, übernimmt der DSS diese Aufgabe. Daraus ergibt sich, daß die neue Version intern mit zwei asymmetrischen Schlüsselpaaren arbeitet, Diffie-Hellman für den asymmetrischen Schlüsselaustausch und DSS für die digitale Signatur. DSS arbeitet mit Schlüssellängen von 1024 Bits.

Ferner wurde der Hashalgorithmus ausgetauscht. Für den Wechsel von MD5 zu SHA1 ist die Kryptoanalyse Hans Dobbertins verantwortlich[77]. Der SHA1 arbeitet mit einem 160-Bit-Hashwert.

---

[75] Vgl. Zimmermann (1997), S. 89

[76] Vgl. Garfinkel (1996), S. 363

[77] Vgl. Zimmermann (1997), S. 95; sowie Kapitel 4.3.2, S. 35, MD5

Wer SHA1 einsetzen will, muß laut Zimmermann[78] auch DSS verwenden, da RSA aus Kompatibilitätsgründen weiterhin nur mit MD5 zusammenarbeitet.

Die neue Version erkennt automatisch empfangene Verschlüsselungen der Version 2.6.3 und wendet selbständig die „alte" RSA-IDEA-MD5-Kombination an. Neuverschlüsselungen sind vorerst nur nach der neuen Methode möglich, erst die internationale Version 5.0i wird die volle RSA-Unterstützung beinhalten[79].

Wie funktioniert Diffie-Hellman in der PGP Version 5.0?

Das Problem beim Diffie-Hellman-Schlüsselaustausch ist, daß zwei Parameter s und n vorher vereinbart und ausgetauscht werden müssen. Um dies zu vermeiden, setzt PGP das Diffie-Hellman-Prinzip in Form des erweiterten ElGamal-Verfahrens[80] ein.

Der öffentliche Schlüssel eines Teilnehmers besteht aus dem Parameter $p=s^x \bmod n$, der bei der Schlüsselerzeugung berechnet wird. Die Parameter s und n sind in der Software fest implementiert. Dies bedeutet, daß alle PGP-Version-5.0-Anwender mit denselben Werten für s und n arbeiten. Für die Sicherheit des Schlüsselpaares ist das wegen des Problems des diskreten Logarithmus ungefährlich[81]. Die Schlüsselvariation wird durch die gewählten Zufallszahlen x der Teilnehmer erreicht. Der Parameter x ist der geheime Schlüssel.

Der für die symmetrische Verschlüsselung der Nachricht benötigte geheime 128-Bit-Kommunikationsschlüssel wird mit dem berechneten Schlüssel $k=m^x \bmod n$ verschlüsselt, wobei m der öffentliche Schlüssel p des Empfängers ist.

[78] Vgl. Zimmermann (1997), S. 95
[79] Vgl. Luckhardt (8/1997), S. 58
[80] Vgl. Kapitel 6.5, S. 51 ff., ElGamal-Verfahren
[81] Vgl. Kapitel 6.4, S. 50, Diffie-Hellman-Verfahren

7.1.3 Schlüsselerzeugung

Die Schlüsselerzeugung nimmt jeder Benutzer selbst vor. Dafür verlangt PGP die Eingabe einer Pass-Phrase, um daraus mittels der Hashfunktion den privaten Schlüssel zu erzeugen. Dieser wird dann zum Schutz mit dem symmetrischen Algorithmus chiffriert. Die Pass-Phrase selbst wird von PGP standardmäßig nicht gespeichert, dies garantiert die Sicherheit des geheimen Schlüssels. Es ist wichtig, diese Pass-Phrase nicht zu vergessen, denn sobald für eine Operation der geheime Schlüssel erforderlich ist, wird die Pass-Phrase von PGP für die Zugangsberechtigungsprüfung benötigt.

Die Generierung des öffentlichen Schlüssels erfolgt anhand eines Primzahlverfahrens über einen Pseudozufallsgenerator, dessen Startwerte durch Messen der Verzögerungen des Benutzers beim Tippen zufällig ermittelt werden.

Die erzeugten Schlüssel werden in den Dateien secring.pgp (private) und pubring.pgp (öffentliche) abgelegt. In der Version 5.0 heißen die Dateien secring.skr und pubring.skr.

Es sind Benutzereinträge durch Generierung mehrerer Schlüsselpaare möglich. Auch die empfangenen öffentlichen Schlüssel anderer Benutzer werden in der Pubring-Datei verwaltet.

Abbildung 7-1: PGP-Schlüsselverwaltung mit Version 5.0

Peter hat ein DSS/Diffie-Hellman-Schlüsselpaar erzeugt, erkennbar an den hellgrau dargestellten Schlüsseln. Mikes öffentlichen RSA-Schlüssel hat er in seine Schlüsseldatei aufgenommen. Die „alten" RSA-Schlüssel werden dunkelgrau dargesellt.

Die Schlüsselnamen stellen die Benutzeridentifikation dar und können frei vergeben werden, im Internet gibt man üblicherweise nach dem Namen die eMail-Adresse zusätzlich an. Die Benutzer von PGP erstellen ihre öffentlichen Schlüssel selbst und geben sie auf einem Weg ihrer Wahl bekannt. Da sich jeder mit einer beliebigen Benutzeridentifikation ein Schlüsselpaar generieren kann, ist beim Einsatz von PGP eine Authentifizierungsprüfung fremder öffentlicher Schlüssel Voraussetzung.

Die Notwendigkeit der Existenz des zweifachen asymmetrischen Schlüsselpaares in der Version 5.0 verlangt vom Benutzer keine zusätzliche Arbeit bei der Schlüsselgenerierung oder -verwaltung. PGP stellt bei Anforderung selbständig die DSS- und Diffie-Hellman-Schlüssel zur Verfügung.

7.1.4 Schlüsselzertifizierung

Für geschlossene Benutzerkreise eignet sich PGP in Kombination mit dem Einsatz von Schlüsselverteilzentralen. Diese nehmen die Schlüsselzertifizierung zentral vor[82]. Wegen seiner Beliebtheit bei privaten Anwendern hat sich bei PGP ein anderer Weg der Schlüsselzertifizierung herausgebildet.

Prinzip des web of trust

Der Entwickler hat für PGP keine Instanzen zur Schlüsselzertifizierung oder -verteilung vorgesehen. Die Schlüsselzertifizierung wird über einen Vertrauensmechanismus realisiert, dem „web of trust" *(Netz des Vertrauens).* Dieser konzeptionelle Ansatz ist nach der Meinung von Fox[83] Ausdruck von Zimmermanns Mißtrauen gegenüber jeder „Big-Brother-fähigen" zentralen Instanz.

Bei der Schlüsselgenerierung erstellt PGP über die Hashfunktion einen Fingerabdruck des öffentlichen Schlüssels. Damit ist dieser Schlüssel eindeutig zertifiziert und kann für die Prüfung der Authentizität des Eigentümers herangezogen werden.

---

[82] Vgl. Kapitel 5.2.4, S. 44, Schlüsselzertifizierung

[83] Vgl. Fox (1995), S. 186 - 187

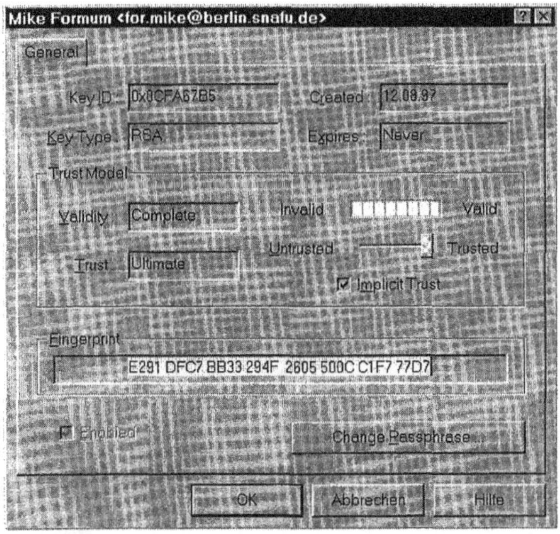

Abbildung 7-2: Eigenschaften eines generierten PGP-RSA-Schlüsselpaares mit digitaler Signatur in der Version 5.0

Zur Verdeutlichung der Herstellung von Vertrauen im Sinne des Web-of-Trust dient folgendes Beispiel:

Will Peter eine Nachricht von Mike entschlüsseln, so kann er sich zwecks Identitätsprüfung den Fingerabdruck *"E291 DFC7 BB33 294F 2605 500C C1F7 77D7'* des RSA-Schlüssels *"Mike Formum"* von ihm am Telefon vorlesen lassen. Stimmt der Fingerabdruck überein, hat er Gewißheit, den echten öffentlichen Schlüssel zu besitzen. Peter kann auch Margit anrufen, die ebenfalls im Besitz von Mikes öffentlichem Schlüssel ist und der er vertraut. Er weiß, daß sie und Mike sich gut kennen. Stimmt der Fingerabdruck überein, hat er keinen Anlaß zum Mißtrauen. Noch leichter ist es für Peter, wenn Mikes Schlüssel nicht nur mit dessen Fingerabdruck, sondern gleichzeitig mit Margits versehen ist. Da er Margits öffentlichen Schlüssel bereits früher schon einmal geprüft und damit ihre echte Signatur zur Verfügung hat, kann er Margits Fingerabdruck auf Mikes öffentlichem Schlüssel verifizieren und dessen Schlüssel dann ohne weiteres akzeptieren. Weitergehend kann er ihn sogar mit seinem Schlüssel signieren, damit können alle, die Mike nicht kennen, aber Peter vertrauen, künftig Mikes Schlüssel authentifizieren.

Validität

Dieses Prinzip des Vertrauens setzt PGP für die Signierung öffentlicher Schlüssel ein. Hierfür besitzt jeder öffentliche Schlüssel der Datei pubring.pgp zwei Parameter: Validität und Vertrauen (vgl. Abbildung 7-1 und 7-2). Erhält ein Benutzer einen öffentlichen Key direkt vom Eigentümer per Diskette oder auf Papier oder hat er den Fingerabdruck bei bekannter Stimme telefonisch überprüft, kann er diesen Schlüssel in seine Datei pubring.pgp aufnehmen und zertifizieren, indem der diesen Schlüssel mit seinem persönlichen Fingerabdruck unterschreibt, er hat somit die Validität dieses Schlüssels hergestellt. Gibt der Benutzer diesen zertifizierten Schlüssel an andere weiter, kann der Empfänger darauf vertrauen, daß dieser Schlüssel echt ist.

Peters Schlüsseldatei sieht nach der vorgenommenen Signatur so aus:

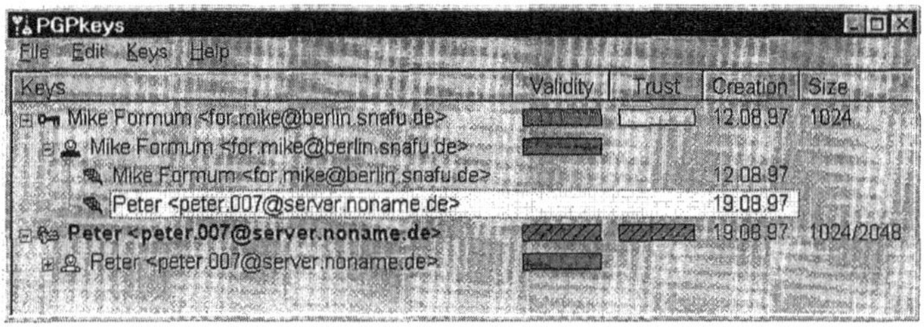

Abbildung 7-3: PGP-Schlüsselverwaltung mit Version 5.0 nach erfolgter Signatur

Mikes öffentlicher Schlüssel besitzt neben der eigenen jetzt auch Peters Unterschrift. Damit hat Peter diesen Schlüssel authentifiziert.

Vertrauen

Der Parameter differenziert die Stärke des Vertrauens in den Zertifizierer des Schlüssels. Der Benutzer kann zu jeder Signatur eines öffentlichen Schlüssels festlegen, ob und ggf. wie stark er dieser Unterschrift vertraut. In der aktuellen Version sind hier die Werte *"untrusted,"* *"marginal"* oder *"complete"* vergebbar (vgl. Abbildung 7-2). Der Wert *„complete"* bedeutet im Gegenteil zu *„untrusted"* das vollständige Vertrauen in die Unterschrift des Schlüssels. Es werden dann automatisch alle öffentlichen Schlüssel, die ein Benutzer in seiner Schlüsseldatei verwaltet und die mit dieser Signatur vergeben sind, als echt anerkannt. Bei *„marginal"* muß man festlegen, wie viele entsprechende Signaturen dafür vorhanden sein müssen.

7.1.5 Schlüsselaustausch

Der Schlüsselaustausch zertifizierter öffentlicher Schlüssel findet dezentral statt. Je nach Bedarf werden die Schlüsselzertifikate vom Ersteller entweder an den Eigentümer, an dritte Personen oder einen Key-Server weitergegeben. Dadurch wächst weltweit das „Netz des Vertrauens".

PGP's Key-Server gewährleisten den globalen Austausch öffentlicher Schlüssel. Diese Server werden nicht kommerziell betrieben, es sind Firmen oder Universitäten, die im Internet solche Server betreiben. Eine Übersicht weltweit synchronisierter Server befindet sich unter der Adresse http://www.de.pgp.net/pgp/.

Die Kommunikation mit einem PGP-Key-Server geschieht mittels eMail. Die Subject-Zeile enthält hierbei den Befehl, der vom Server ausgeführt werden soll. Es sind Funktionen wie „Schlüssel hinzufügen" und „Schlüssel lesen" möglich. Mit dem Help-Befehl übermittelt der Server eine Aufstellung sämtlicher verfügbarer Befehle.

Schlüsselrücknahme

Dezentrale Schlüsselverteilung hat den Nachteil, daß ein öffentlicher Schlüssel nicht sofort gelöscht bzw. als ungültig erklärt werden kann. Wenn ein Benutzer von PGP seinen geheimen Schlüssel verliert oder dieser wegen Diebstahls nicht mehr sicher ist, muß er den öffentlichen Schlüssel widerrufen. PGP sieht hierfür die Vergabe von Sperrzertifikaten vor, was eine spezielle Form der Schlüsselzertifizierung ist. Hat ein Benutzer ein Sperrzertifikat vergeben, muß er den "sperr-zertifizierten" öffentlichen Schlüssel an seine Bekannten und die Key-Server im Internet neu verteilen. Schwierig wird es, wenn er die Pass-Phrase vergessen hat, denn dann hat er selbst keinen Zugriff auf seinen eigenen öffentlichen Schlüssel, da PGP hierfür immer die Berechtigung über den geheimen Schlüssel prüft. Dieser Mechanismus ist richtig, ansonsten könnte jeder öffentliche Schlüssel von nicht authorisierten Personen widerrufen werden.

Die Version 5.0 hat Verbesserungen. Zum einen ist es möglich, bereits bei der Schlüsselerstellung einen Verfallszeitpunkt vorzugeben, zum anderen kann ein Benutzer die von ihm erstellte digitale Signatur eines fremden öffentlichen Schlüssels widerrufen und den öffentlichen Schlüssel damit als unsicher kennzeichnen.

7.1.6 Digitale Unterschriften

Neben der immer standardmäßigen digitalen Signatur des öffentlichen Schlüssels bei der Erstellung unterstützt PGP zur Sicherung der Integrität und Authentizität auch die digitale Unterschrift von Nachrichten. Aus der Nachricht generiert der Hashalgorithmus eine Prüfsumme, die dann durch Eingabe der Pass-Phrase (= geheimer Schlüssel) asymmetrisch verschlüsselt wird. Damit ist die Nachricht unterschrieben[84]. Der Empfänger verifiziert die Signatur mit dem öffentlichen Schlüssel des Senders. Die Vorgänge der Signierung und Verifizierung sind bei PGP automatisiert.

Sofern digitale Signatur und Nachrichtenverschlüsselung zusammen vorgenommen werden, läßt PGP die Signatur immer nur vor der Nachrichtenchiffrierung zu. Dies erhöht zusätzlich die Sicherheit, denn die Signatur wird durch die Chiffrierung zusätzlich geschützt.

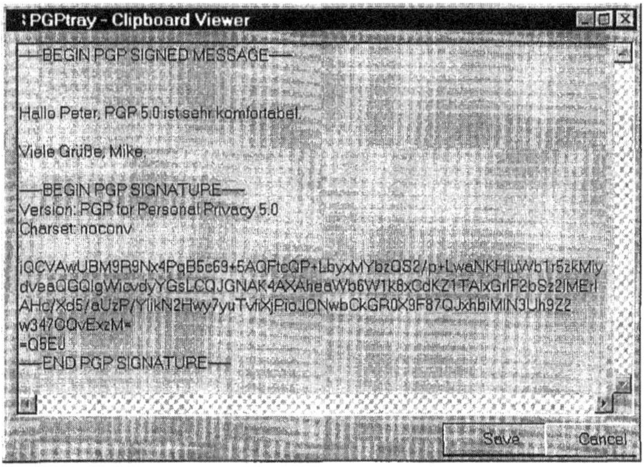

Abbildung 7-4: PGP-signierte Nachricht mit Version 5.0

[84] Vgl. Kapitel 6.7, S. 53 - 56, Digitale Unterschrift mit asymmetrischen Verfahren

7.1.7 eMail mit PGP

Vor jedem Chiffrieren wird der Klartext mit dem Datenkomprimierer ZIP[85] zwecks Verschleierung des Bitmusters verdichtet. Die Kodierung der zu versendenden Nachricht erfolgt mit dem symmetrischen Algorithmus. Dafür ist ein geheimer Schlüssel erforderlich, der Sender und Empfänger gleichermaßen zur Verfügung steht. Dieser Schlüssel wird als Einwegschlüssel unmittelbar vor dem Kodieren einer Nachricht nach dem Zufallsprinzip generiert. Der Schüssel ist einmalig, selbst gleiche Nachrichten werden mit unterschiedlichen Einwegschlüsseln chiffriert. Nach Kodierung der Nachricht wird der generierte Einwegschlüssel mit dem öffentlichen Schlüssel des Empfängers chiffriert. Sowohl die kodierte Nachricht wie auch der chiffrierte Einwegschlüssel werden in die Ausgabedatei geschrieben.

Die versandfertige Ausgabedatei wird mit einem beliebigen eMail-Programm an den Empfänger verschickt. Nach Erhalt der verschlüsselten Nachricht dechiffriert dieser zunächst den Einwegschlüssel mit seinem privaten asymmetrischen Schlüssel, danach mittels des Einwegschlüssels die gesamte Nachricht.

PGP automatisiert auch diese Vorgänge. Der Sender gibt den Dateinamen und den ausgewählten öffentlichen Schlüssel des Empfängers vor. Der öffentliche Schlüssel muß sich in der Pubring-Key-Datei befinden. PGP prüft den vorgegebenen Schlüssel und weist ggf. darauf hin, daß dieser noch nicht authentifiziert worden ist.

Der Empfänger übergibt PGP den Namen der erhaltenen Datei. PGP benötigt nun den geheimen asymmetrischen Schlüssel und fragt deshalb die Pass-Phrase ab. Bei korrekter Eingabe wird automatisch der symmetrische Einmalschlüssel und sofort die gesamte Nachricht dechiffriert. Sofern die Nachricht digital signiert ist und sich der öffentliche asymmetrische Schlüssel des Senders in der Pubring-Datei befindet, wird die Unterschrift durch Hashwertvergleich geprüft.

[85] Der bei PGP verwendete Verschlüsselungsalgorithmus ZIP wurde von Jean-Loup Gailly, Mark Adler und Richard B. Wales entwickelt und ist Freeware. Vgl. Kapitel 4.3.3, S. 37, Datenkomprimierung

7.2 DigiCash

7.2.1 Beschreibung

Die holländische Firma DigiCash wurde von David Chaum gegründet und besitzt die meisten Patente in bezug auf digitales Geld[86]. Sie führt mit ihrem Produkt Ecash seit 1994 einen Großversuch durch, mit weltweit ungefähr 30.000 Teilnehmern, darunter vielen Banken und eigens dafür entstandenen „Cybershops". An dem Pilotversuch beteiligt sich auch die Deutsche Bank. Die Ausgabe von elektronischen Geldeinheiten ist hier allerdings noch nicht möglich[87]. Eine echte „Cyberbank" beispielsweise ist die amerikanische die Mark Twain Bank, die in ihrem Web-Angebot neben einer Erklärung des Systems auch die Nutzungsbedingungen mitliefert[88].

Die Firma DigiCash hat mit ihrem System die Gedanken Chaums konsequent umgesetzt: Der Kunde eröffnet bei seiner Hausbank ein neues Konto für die digitalen Geldeinheiten. Daraufhin fordert er über das Internet von seiner Bank „Cyberbucks" (elektronisches Geld) zu Lasten seines normalen Girokontos an. Dieses Geld wird auf dem neuen Konto gutgeschrieben. Auf dieses Depot kann rund um die Uhr per Internet zugegriffen werden. Von dort werden die elektronischen Werteinheiten auf die Festplatte des heimischen Computers geladen und stehen damit zur Zahlung im Internet zur Verfügung. Der Zahlungsempfänger reicht die elektronischen Werteinheiten zur Gutschrift an die emittierende Bank weiter. Schließlich werden dem Internet-Händler im Wege der Verrechnung die Gegenwerte des elektronischen Geldes auf seinem Bankkonto gutgeschrieben.

Bei dem sich noch in der Pilotphase befindenden Projekt handelt es sich um ein Online-System, bei dem der Händler sofort die vorgelegten Geldwerte verifiziert. Aus Sicht des Kunden ist es eine reine Softwarelösung, da dieser keine weiteren Hardwarekomponenten benötigt.
Ecash ist ein auf Münzen basierendes System, jede Münze hat einen festen Wert. Der Kunde fordert einen bestimmten Gegenwert an Geldeinheiten an.

---

[86] Vgl. Schneier (1996), S. 172

[87] Informationen zum Pilotversuch der Deutschen Bank existieren unter http://www.deutsche-bank.de/wwwforum/ecash/pilot/index.htm. Weitere Banken finden sich unter http://www.digicash.com/news/hotnews.html#ecash, Cybershops unter http://www.digicash.com/shops/complete.html.

[88] Vgl. Mark Twain Bank, http://www.marktwain.com/ectable.html

Die Software ermittelt, wieviele Münzen erforderlich sind und generiert eine entsprechende Anzahl von verschlüsselten zufälligen Seriennummern inklusive Blindfaktor. Da der einzelne Münzwert sehr klein gewählt wird, umgeht man das Problem des Wechselgeldes.

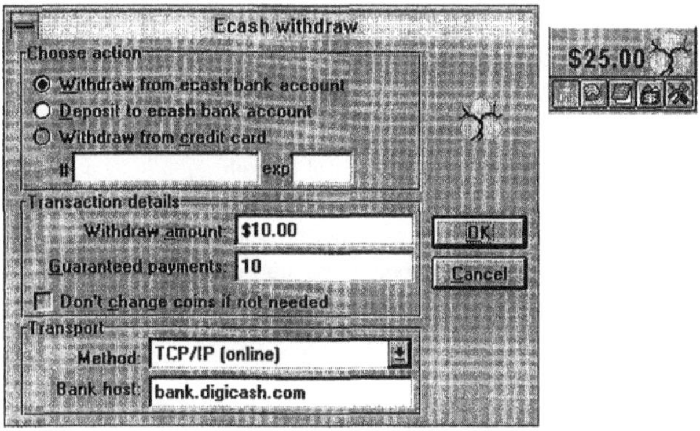

Abbildung 7-5: Elektronische Geldabhebung mit Ecash[89]

Das kleine rechte Fenster zeigt das Guthaben auf der Festplatte des Kunden an, in diesem Fall 25 Dollar. Zehn Dollar sollen vom Ecash-Konto abgehoben werden. Die Transaktion des digitalen Geldes wird mit der Bank online oder per eMail durchgeführt.

Für die asymmetrische Verschlüsselung wird der öffentliche Schlüssel der Bank eingesetzt. Die Bank signiert die einzelnen Münzen blind mit ihrem privaten Schlüssel. Die Software beim Kunden rechnet den Blindfaktor wieder heraus und der Kunde erhält eine digitale Münze, bestehend aus der Seriennummer und der digitalen Signatur der Bank. Die Seriennummern muß der Kunde gut aufbewahren, denn die Bank kennt diese nicht. Sollten durch Datenverlust die elektronischen Münzen verloren gehen, muß er die Seriennummern der Bank zwecks Sperrung mitteilen. Alle der Bank eingereichten Seriennummern werden gespeichert, damit ist bei dem realisierten Online-System eine wiederholte Vorlage derselben Münze nicht möglich.

---

[89] DigiCash (1997), http://www.digicash.com/publish/ecash_intro/ecash_intro.html, Abbildung 2

7.2.2 Technik des Kryptosystems

Die Software arbeitet mit dem RSA-Kryptosystem und blinder digitaler Signatur, es kommen zwei RSA-Schlüsselpaare[90] zum Einsatz. Beim ersten RSA-Schlüsselpaar macht die Bank den öffentlichen Schlüssel für alle Bankkunden bekannt, den privaten Schlüssel behält sie für die digitale Signatur. Vom zweiten Schlüsselpaar besitzt die Bank für jeden Kunden einen eigenen öffentlichen Schlüssel zur Authentifizierung des Kunden, der private Schlüssel bleibt geheim beim Kunden.

7.2.3 Zahlungsvorgänge mit ECash

Die Kommunikation vollzieht sich über Nachrichten, die alle mit Zeitstempel versehen sind. Zeitstempel machen die Nachricht eindeutig und verhindern, daß wiederholte Einspielungen eines Angreifers *(replay attacks)* unerkannt bleiben.

Eine Nachricht Kunde-Bank besteht aus der Anzahl aller zu übermittelnden Münzen und einer digitalen Signatur. Jede einzelne Münze wird durch eine zufällig generierte Seriennummer dargestellt, die praktisch nicht mehrfach auftreten kann: Dazu wird eine Zufallszahl erzeugt, welche mit dem SHA1-Algorithmus gehascht wird. Das Ergebnis ist eine 160 Bits lange Zahl, die zur Eindeutigkeit um drei weitere Zahlen ergänzt wird. Die erste Zahl ist eine benutzerspezifische Konstante, die zweite kennzeichnet die kontoführende Bank und die dritte stellt eine fortlaufende Numerierung der Münze dar.

Im Verhältnis Kunde-Bank wird jede einzelne Münze von der Software auf dem PC des Kunden mit einem zufälligen Blindfaktor und dem öffentlichen RSA-Schlüssel der Bank verschlüsselt[91]. Aus diesem Inhalt der Nachricht wird mittels des SHA1-Algorithmus ein Hashwert erzeugt, der mit dem privaten Schlüssel des Kunden verschlüsselt wird. Diese Unterschrift des Kunden wird der Nachricht hinzugefügt. Die Nachricht Bank-Kunde enthält alle Münzen, die einzeln blind mit dem privaten Schlüssel der Bank unterzeichnet wurden.

---

[90] Über die Länge der verwendeten RSA-Schlüssel macht DigiCash unter der aufgezeigten Quelle keine Angaben. Eine Anfrage per eMail wurde lediglich mit dem Hinweis auf das Web-Angebot beantwortet.

[91] Vgl. Kapitel 6.9, S. 57 - 58, Blinde digitale Unterschrift

Mit der Nachricht Händler-Kunde wird dem Kunden die Bank- und die Geschäftsidentifikation des Händlers mitgeteilt. Diese finden sich als Nachrichtenkopf in der Nachricht Kunde-Händler ergänzt um die Bankidentifikation des Kunden wieder. Außerdem sind in der Nachricht die benötigten digital signierten Münzen und ein RSA-verschlüsselter SHA1-Hashwert des Nachrichtenkopfes enthalten. Die Verschlüsselung der gesamten Nachricht nimmt der Kunde ebenfalls mit dem öffentlichen RSA-Schlüssel der Bank vor.

Die Nachricht Händler-Bank enthält die vom Shop einzulösenden digital signierten Münzen, den Nachrichtenkopf sowie den verschlüsselten SHA1-Hashwert aus der Nachricht Kunde-Händler. Die Prüfung der Bank erfolgt mehrfach:

1. Prüfung der digitalen Signatur des Nachrichtenkopfes durch Entschlüsselung des Hashwertes mit dem geheimen RSA-Schlüssel der Bank und Vergleich mit einem neu berechneten Hashwert des Nachrichtenkopfes.

2. Prüfung, ob die digitale Signatur der Münzen ihrer entspricht.

3. Prüfung der Seriennummer der Münzen, ob diese bereits vorgelegt wurden.

4. Prüfung des Zeitstempels, der Bestandteil des Nachrichtenkopfes ist.

Durch die in den Nachrichten enthaltenen Parameter, die durch Verschlüsselung und digitale Signatur geschützt werden, wird eine Fälschung praktisch unmöglich gemacht.

Das Guthaben kann dazu verwendet werden, beim Händler zu bezahlen oder es an andere Personen zu übertragen.

Abbildung 7-6: Zahlungsvorgang mit Ecash[92]

Alice bezahlt Cindy. Die Bank von Cindy schreibt das Guthaben nach Online-Prüfung ihrem Konto gut. Cindy holt sich dafür eigene Cyberbucks.

---

[92] DigiCash (1997), http://www.digicash.com/publish/ecash_intro/ecash_intro.html, Abbildung 12

Erhalten andere Personen fremde Münzen übertragen, müssen sie es zur Verifizierung an ihre Bank weiterleiten. Diese prüft über die Fremdbank des Erstellers der Münzen die Gültigkeit und schreibt den Gegenwert dem Konto ihres Kunden gut. Der Kunde kann sich den Gegenwert in Form eigener Münzen von seinem Konto abholen. Die Versendung digitalen Geldes zwischen Kunden oder Händlern erfolgt über eMail.

7.3 Internet-Banking nach dem HBCI-Standard

7.3.1 Beschreibung

HBCI bedeutet *Homebanking-Computer-Interface*. Es ist ein beschlossener Standard des gemeinsamen Gremiums ZKA *(Zentraler Kredit-Ausschuß)* der Sparkassen, Volks- und Raiffeisenbanken sowie privater und öffentlicher Banken. Die aktuelle HBCI-Version 2.0 wurde im Juli 1997 veröffentlicht. Sie legt zwischen Kundensystemen und Bankrechnern Kommunikationsprotokolle, Sicherungsmechanismen, Schlüsselverwaltung und Schnittstellen fest, um einen Homebanking-Standard zu erreichen. HBCI-konforme Serversysteme stellen sicher, daß die Banken mit der Vielfalt der am Markt angebotenen Homebanking-Programme problemlos elektronisch erreichbar sind[93] (multibankfähig); sie sind somit plattform- und endgeräteunabhängig. Der Standard ist so ausgelegt, daß er auch in offenen Rechnernetzen (Internet) realisiert werden kann. Er unterstützt auch das T-Online-Verfahren (früher BTX) nach dem veralteten CEPT-Standard. Es wird erwartet, daß in den kommenden Monaten der CEPT-Standard durch HBCI ersetzt werden wird[94].

Zur Bewältigung der Grundprobleme[95] kryptographischer Sicherheit sind zwei Sicherheitslösungen[96] spezifiziert:

1. Eine symmetrische 3DES-Variante mit Chipkarte und digitaler Signatur.

[93] Vgl. Harnischmacher (1997), S. 139
[94] Vgl. Harnischmacher (1997), S. 140 sowie Haubner (1997), S. 3
[95] Vgl. Kapitel 3.2, S. 11 - 12, Grundprobleme kryptographischer Sicherheit
[96] Vgl. Bundesverband deutscher Banken (1997), S. 3 ff.

2. Eine hybride Variante mit digitaler Signatur, die auf dem asymmetrischen RSA- in Verbindung mit dem DES-Verfahren beruht. Hierbei handelt es sich um eine reine Softwarelösung.

Die Kommunikation findet ausschließlich per Online-Verbindung zwischen Kunden-PC und Bankserver statt. Hierbei werden Nachrichten ausgetauscht, die in ihrem Aufbau genau festgelegt sind. Jede Nachricht enthält zum Schutz gegen Replay-Attacken[97] einen Sequenzzähler, der vom Kundensystem hochgezählt und bei der Bank auf Vorhandensein überprüft wird. Dadurch wird die mehrfache Abarbeitung von Bankaufträgen verhindert.

7.3.2 Die 3DES-Variante

Bei dieser Variante werden zwei symmetrische 128-Bit-Schlüssel eingesetzt: Ein per Zufallszahl erzeugter 3DES-Nachrichtenschlüssel und ein geheimer 3DES-Kundenschlüssel. Der Kundenschlüssel ist individuell und auf der Chipkarte gespeichert. Die Bank besitzt eine Kopie dieses Kundenschlüssels.

Zur digitalen Signatur einer Nachricht erzeugt die Hashfunktion RIPE-MAC[98] aus der Nachricht eine 160-Bit-Prüfsumme. Diese wird mit dem geheimen Kundenschlüssel chiffriert und der Nachricht angehängt. Diese digital signierte Nachricht wird mit einem zufällig erzeugten Nachrichtenschlüssel chiffriert. Der Nachrichtenschlüssel selbst wird mit dem geheimen Kundenschlüssel kodiert und ebenfalls der Nachricht beigefügt.

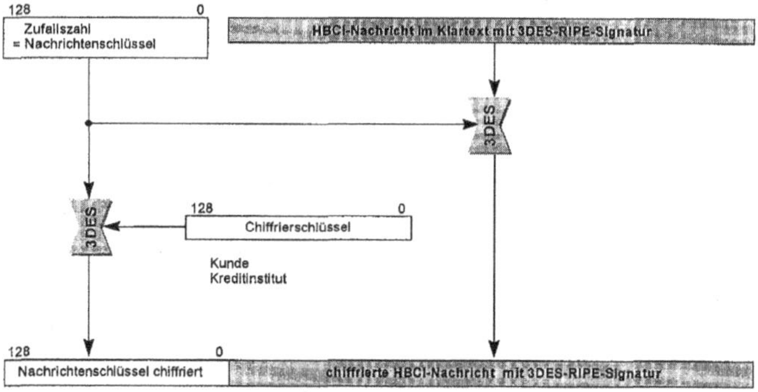

Abbildung 7-7: HBCI-Verschlüsselung mit 3DES

[97] Vgl. Kapitel 7.2.3, S. 76, Zahlungsvorgänge mit ECash

[98] Vgl. Kapitel 4.3.2, S. 36, RIPE-MAC

Die Berechnung zum Verschlüsseln des Hashwertes und des Nachrichtenschlüssels mittels des geheimen Kundenschlüssels finden gekapselt auf der Chipkarte statt. Somit verläßt der geheime Schlüssel niemals die Karte[99].

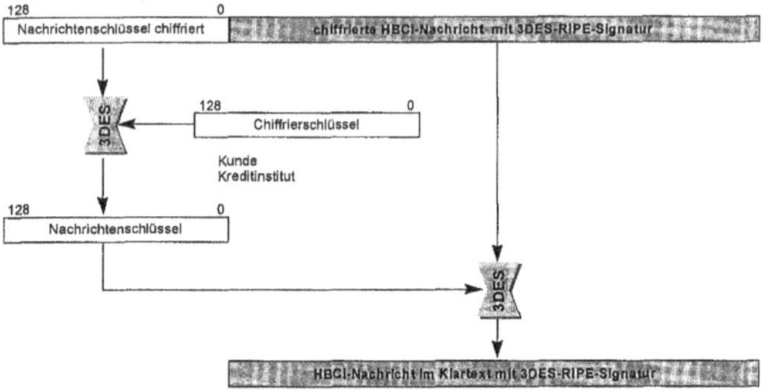

Abbildung 7-8: HBCI-Entschlüsselung mit 3DES

Die Bank besitzt eine Kopie des geheimen Kundenschlüssels. Sie dechiffriert zuerst den Nachrichtenschlüssel. Danach wird die digital signierte Nachricht mit dem berechneten Nachrichtenschlüssel entschlüsselt. Im nächsten Schritt prüft sie die digitale Signatur der Nachricht, indem sie den Hashwert nachrechnet.

Die Nachrichtenver- und Entschlüsselung zwischen Bank und Kunde geschieht in derselben Art und Weise.

7.3.3 Die hybride Variante

Diese Variante arbeitet mit einem symmetrischen 3DES-Nachrichtenschlüssel und zwei Paaren asymmetrischer RSA-Schlüssel. Der Nachrichtenschlüssel wird zufällig erzeugt und hat die Länge von 128 Bits. RSA arbeitet mit den Schlüssellängen von 768 Bits. Aus heutiger Sicht ist diese Schlüssellänge ausreichend[100], in Anbetracht der Dynamik der Leistungsentwicklung moderner Computersysteme hätte man jedoch im Standard eine Implementierung von 1024 oder 2048 Bits RSA-Schlüssellänge vorschreiben sollen.

---

[99] Vgl. Haubner (1997), S. 13

[100] Vgl. Kapitel 4.2.2, S. 29, Sicherheit des RSA

Ein RSA-Schlüsselpaar gehört dem Kunden und wird für die digitale Signatur eingesetzt, das andere gehört der Bank und wird zum Verschlüsseln des zufälligen Nachrichtenschlüssels eingesetzt.

Zur digitalen Signatur wird auch hier RIPE-MAC eingesetzt. Der Hashwert wird mit dem privaten RSA-Schlüssel des Kunden verschlüsselt.

Anschließend wird die digital signierte Nachricht mit dem zufälligen Nachrichtenschlüssel chiffriert. Die Verschlüsselung des Nachrichtenschlüssels erfolgt mit dem öffentlichen RSA-Schlüssel der Bank. Damit der Nachrichtenschlüssel für die Chiffrierung dieselbe Länge wie der RSA-Schlüssel besitzt, wird er mit führenden Null-Bitwerten auf 768 Bits aufgefüllt *(Padding)*. Hierdurch wird sichergestellt, daß der 128-Bit-Nachrichtenschlüssel beim Partner zweifelsfrei wiederhergestellt werden kann[101].

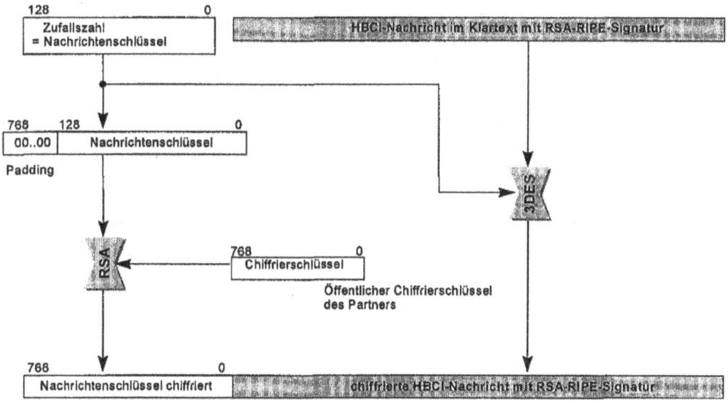

Abbildung 7-9: HBCI-Verschlüsselung mit RSA

Die Bank dekodiert zunächst den Nachrichtenschlüssel mittels ihres privaten RSA-Schlüssels und trennt die rechten 128 Bits vom Ergebnis ab. Der berechnete 128-Bit-Nachrichtenschlüssel wird dann benutzt, um die digital signierte Nachricht zu entschlüsseln (vgl. Abbildung 7-7). Die digitale Signatur des Kunden wird mit dessen öffentlichem RSA-Schlüssel überprüft.

In umgekehrter Richtung funktioniert die Nachrichtenübermittlung zwischen Bank und Kunde analog.

[101] Vgl. Kapitel 4.2.2, S. 30 - 31, Arithmetik des RSA

Für die RSA-Kodierung des Nachrichtenschlüssels wird der öffentliche Schlüssel des Kunden, für die RSA-Signatur der private Schlüssel der Bank verwendet.

7.3.4 Schlüsselerzeugung

In der 3DES-Variante erzeugt die Bank den geheimen symmetrischen Schlüssel über einen Zufallsgenerator. Die Geheimhaltung des Schlüssels garantiert die Bank. Der Schlüssel wird auf der Chipkarte gespeichert. Geht die Karte verloren, muß aus Sicherheitsgründen ein neuer geheimer Schlüssel erstellt werden.

Beim RSA-Verfahren erzeugt die Software die Schlüsselpaare getrennt beim Kunden und bei der Bank. Sind die Schlüssel unsicher geworden, werden sie neu erstellt. Die privaten RSA-Schlüssel werden geheim gehalten.

7.3.5 Schlüsselaustausch

Der Schlüsselaustausch erfolgt in der 3DES-Variante durch Übermittlung der Karte an den Kunden. In der hybriden Variante benötigt der Kunde für den Neuzugang den öffentlichen RSA-Schlüssel der Bank. Dieser wird ihm elektronisch oder per Diskette auf Anforderung unverschlüsselt übermittelt. Die Bank kann, muß diesen Schüssel aber nicht digital signieren. Zugleich übersendet sie einen Ausdruck des Schlüssels schriftlich an den Kunden.

Wurde der übermittelte öffentliche Schlüssel digital signiert, ist in dem Schreiben auch der Hashwert des geheimen Schlüssels der Bank abgedruckt, anderenfalls der Hashwert des öffentlichen Schlüssels. Im letzteren Fall authentifiziert der Kunde den Schlüssel durch Vergleich von übersendetem und berechnetem Hashwert des öffentlichen Schlüssels, im ersteren durch Direktvergleich der elektronisch übermittelten mit der schriftlich übersandten digitalen Signatur.

Der Kunde signiert seinen öffentlichen RSA-Schlüssel mit seinem privaten und chiffriert Schlüssel und Signatur mit dem erhaltenen öffentlichen Schlüssel der Bank. Zugleich übermittelt er den Hashwert des Signaturvorganges schriftlich der Bank.

Die Bank dechiffriert die Nachricht mit ihrem privaten RSA-Schlüssel und authentifiziert den öffentlichen Schlüssel des Kunden durch Vergleich von elektronisch übermitteltem und schriftlich übersandtem Hashwert. Ist die Prüfung fehlerfrei, wird der öffentliche Schlüssel des Kunden freigeschaltet.

8 Schlußbetrachtung

Im Verlauf dieser Arbeit wurde gezeigt, wie mit digitaler Signatur und Verschlüsselung ein *gesicherter* Nachrichtenaustausch möglich ist: Die digitale Signatur eignet sich für die Herstellung von Authentizität, Integrität und Verbindlichkeit. Mit der Verschlüsselung wird Vertraulichkeit und Integrität hergestellt. Eine zentrale Bedeutung für den Einsatz von Kryptosystemen hat dabei die Schlüsselverteilung und die Wahl des Kommunikationsprotokolls.

Grundvoraussetzung sicherer Kommunikation ist in jedem Fall eine sichere Datenverschlüsselung. Diese kann mit den in dieser Arbeit dargestellten symmetrischen und asymmetrischen Algorithmen erreicht werden. Es wurde gezeigt, daß deren praktische Sicherheit bei Verwendung entsprechender Schlüssellängen gegeben ist.

Die Sicherheit der zu übermittelnden Informationen hängt jedoch nicht nur von der Sicherheit des Kryptosystems ab, denn allein der Einsatz sicherer Algorithmen und ausreichender Schlüssellängen können betrügerische Angriffe auf den Übertragungskanal nicht verhindern. Gegen den Schutz vor Angreifern spielen der Schlüsselaustausch und der Authentifizierungsmechanismus eine entscheidende Rolle.

Für symmetrische Schlüssel gilt, daß diese nie sicher über einen offenen Kanal ausgetauscht werden können. Sollen symmetrische Kryptosysteme eingesetzt werden, muß der Schlüssel auf einem anderen Weg direkt ausgetauscht werden. Selbst durch den Einsatz von Schlüsselverteilzentralen läßt sich dieses Problem nicht umgehen, da hier der Masterschlüssel jedes Teilnehmers geheim bleiben muß.

Deshalb werden in offenen Rechnernetzen in der Praxis asymmetrische Kommunikationsprotokolle zum Austausch öffentlicher Schlüssel eingesetzt. Diese machen es einem Angreifer wegen der Eigenschaft unterschiedlicher Chiffrier- und Dechiffrierschlüssel unmöglich, Rückschlüsse auf den geheimen Datenschlüssel ziehen zu können. Die Schwierigkeit besteht darin, den öffentlichen Schlüssel eines Partners auf seine Authentizität überprüfen zu können. Dies wird mit Schlüsselzertifikaten in Form von digitalen Unterschriften erreicht. Digitale Unterschriften sind fälschungssicher, wenn sie mit sicheren Hashfunktionen hergestellt werden.

Auch Nachrichten werden mit digitalen Unterschriften versehen. Da bei Einsatz kollisionsfreier Hashfunktionen keine zweite Nachricht mit derselben Prüfsumme erzeugt werden kann, ist der Beweis der Authentizität, Integrität und Verbindlichkeit der Nachricht erbracht, wenn der Empfänger zu der übermittelten Nachricht den gleichen Hashwert berechnet. Kann eine Nachricht nicht sicher authentifiziert werden, werden sowohl die Nachricht wie auch der Teilnehmer nicht akzeptiert.

Die fälschungssichere digitale Unterschrift von Schlüsseln und Nachrichten ist die einzige Methode für eine sichere Authentifizierung in offenen Rechnersystemen. Alle der drei dargestellten praktischen Verfahren, PGP, DigiCash und HBCI, arbeiten damit.

Einleitend zu diesem Kapitel wurde von gesichertem Nachrichtenaustausch gesprochen. „Gesichert" bedeutet, daß Kryptographie keine absolute Sicherheit garantieren kann. Sicherheit ist immer relativ. Kommunikations- und Informationssysteme sind vielschichtig angreifbar. In der Realität stehen einem Angreifer viel mehr Wege offen als nur die Kryptoanalyse. Es gibt Fehler in Betriebssystemen, in Anwendungssoftware und in Hardware, im weiteren Virenprogramme, die sich Angreifer viel leichter zunutze machen können, als zu versuchen, einen mathematischen Algorithmus zu knacken. Den größten Unsicherheitsfaktor stellt oft der Benutzer selbst dar, indem er mit seinen geheimen Schlüsseln sorglos umgeht.

Sichere Verschlüsselung, digitale Signatur und Protokolle sind wichtige Tools, stellen aber keinen Ersatz für realistische und kritische Überlegungen darüber dar, wie die am Beginn dieser Arbeit erwähnten Sicherheitsarchitekturen von Kommunikationssystemen zu Fall gebracht werden können.

9 Anhang

9.1 Abbildungsverzeichnis

Abbildung 3-1: Schema der Ver- und Entschlüsselung von Nachrichten 10
Abbildung 3-2. Man-in-the-Middle-Angriff 11
Abbildung 3-3: Prinzip der XOR-Verknüpfung 14
Abbildung 3-4: Stromchiffre-Verschlüsselung 15
Abbildung 3-5: Blockchiffre-Verschlüsselung 16
Abbildung 4-1: Koffermodell symmetrischer Kryptographie 19
Abbildung 4-2: Kryptographie mit privaten Schlüsseln 20
Abbildung 4-2: Schema des DES-Algorithmus 23
Abbildung 4-3: Schema des IDEA-Algorithmus 25
Abbildung 4-4: Kryptographie mit öffentlichen Schlüsseln 27
Abbildung 4-5: Prinzip einer Hashfunktion 33
Abbildung 5-1: Schlüsselverteilung in symmetrischen Kryptosystemen 42
Abbildung 5-2: Schlüsselverteilung in asymmetrischen Kryptosystemen 43
Abbildung 5-3: Direkter Schlüsselaustausch in asymmetrischen Kryptosystemen 43
Abbildung 6-1: Koffermodell des Diffie-Hellman-Schlüsselaustauschs 49
Abbildung 6-2: Modell des elektronischen Geldes nach David Chaum 60
Abbildung 7-1: PGP-Schlüsselverwaltung mit Version 5.0 67
Abbildung 7-2: Eigenschaften eines generierten PGP-RSA-Schlüsselpaares mit digitaler Signatur in der Version 5.0 69
Abbildung 7-3: PGP-Schlüsselverwaltung mit Version 5.0 nach erfolgter Signatur 70
Abbildung 7-4: PGP-signierte Nachricht mit Version 5.0 72
Abbildung 7-5: Elektronische Geldabhebung mit Ecash 75
Abbildung 7-6: Zahlungsvorgang mit Ecash 77
Abbildung 7-7: HBCI-Verschlüsselung mit 3DES 79
Abbildung 7-8: HBCI-Entschlüsselung mit 3DES 80
Abbildung 7-9: HBCI-Verschlüsselung mit RSA 81

9.2 Literaturverzeichnis

Beutelspacher, Albrecht; Kryptologie, 5. Aufl., Braunschweig, Wiesbaden 1996

Diffie, Whitfield u. **Hellman**, Martin E.; New Directions in Cryptography, IEEE Transactions on Information Theory, Bd. IT-22, Nr. 6, 1976, S. 644-654

Fox, Dirk; Schlüsseldienst, Private Kommunikation mit PEM und PGP, in: c't – Magazin für Computertechnik, Heft 9/1995, S. 184 - 187

Fumy, Walter u. **Rieß**, Hans Peter; Kryptographie, 2. Aufl., München 1994

Garfinkel, Simson; PGP: Pretty Good Privacy, Bonn 1996

Gates, Bill; Der Weg nach vorn: die Zukunft der Informationsgesellschaft, Hamburg 1995

Harnischmacher, Robert; Flugversuche, Start frei für die zweite Version des Homebanking-Standards, in: c't – Magazin für Computertechnik, Heft 9/1997, S. 138 - 140

Lammarsch, Joachim; **Steenweg**, Helge; Internet & Co., Elektronische Kommunikation auf akademischen Netzen, 2. Aufl., Bonn, Paris 1995

Luckhardt, Norbert; Die Mutter der Porzellankiste, Wie Kryptologie vor den Gefahren im Internet schützt, in: c't report, Heft 2/1997, S. 20 - 27

Luckhardt, Norbert; Prettier Good Privacy, PGP 5.0 – jetzt als Komplettpaket, in: c't – Magazin für Computertechnik, Heft 8/1997, S. 58

Luckhardt, Norbert; Qnf jne rvasnpu, tryy?, Kryptologische Begriffe und Verfahren, in: c't – Magazin für Computertechnik, Heft 12/1996, S. 110 - 113

Muftic, Sead; Sicherheitsmechanismen für Rechnernetze, München, Wien London 1992

Petersen, Holger; Anonymes elektronisches Geld, Der Einfluß der blinden Signatur, in: DuD, Datenschutz und Datensicherheit, Heft 7/1997, S. 403 - 409

Pohl, Hartmut; Kanther kündigt Gesetz zur Kryptologieregulierung an, in: online, Heft 7/1997, S. 53

Reif, Holger; **Kossel,** Axel; Bits statt Bares, Elektronisches Geld im Internet, in: c't report – Geld online, Heft 2/1997, S. 176 – 185

Rink, Jürgen; Hinters Licht geführt, Bits in Bild- und Audiodateien versteckt, in: c't – Magazin für Computertechnik, Heft 6/1997, S. 330 - 334

Schneier, Bruce; Angewandte Kryptographie, Protokolle, Algorithmen und Sourcecode in C, Bonn 1996

Zimmermann, Phil; Security Features and Vulnerabilities, in: Pretty Good Privacy Inc. (Hrsg.); PGP for Personal Privacy, Version 5.0, User's Guide, 1997, S. 91 - 116

9.3 Internet-Quellenangaben

Bundesverband deutscher Banken e.V. u. a. (Hrsg.); HBCI, Schnittstellenspezifikation, Version 2.0, Kap. VI – Sicherheit, 1997, veröffentlicht in: Informatikzentrum der Sparkassenorganisation, Informationen über HBCI, 1997, http://www.siz.de/siz/hbci/hbci20b.pdf, Zugriff 16.08.1997

Chaum, David; Security without Identification: Card Computers to make Big Brother Obsolete, in: DigiCash publications, 1987, http://www.digicash.com/publish/bigbro.html, Zugriff 25.05.1997

Chaum, David; Achieving Electronic Privacy, in: DigiCash publications, 1992, http://www.digicash.com/publish/sciam.html, Zugriff 15.07.1997

Cylink Corp.; Alternatives to RSA using Diffie-Hellman with DSS, http://www.cylink.com/products/security/rsa/rsa-dss2.htm, Zugriff 16.07.1997

Deutsche Bank; Ecash-Seiten der Deutschen Bank, 1996, http://www.deutsche-bank.de/wwwforum/ecash/index.htm ff., Zugriff 11.08.1997

DigiCash; Ecash-Seiten der Firma DigiCash, 1997, http://www.digicash.com/ecash/ecash-home.html ff., Zugriff 16.07.1997

Dobbertin, Hans; MD5 Discussion, Artikel der Internet Newsgroup sci.crypt, 06/1996, veröffentlicht in: Pommerening, Klaus; Datenschutz und Datensicherheit, 1996, http://www.uni-mainz.de/~pommeren/DSVorlesung/Material/MD5.Dobbertin ff., Zugriff 25.05.1997

Haubner, Kurt; HBCI-Kompendium, der Einstieg in die neue Welt des Homebanking, Version 2.0, 1997, veröffentlicht in: Informatikzentrum der Sparkassenorganisation, Informationen über HBCI, 1997, http://www.siz.de/siz/hbci/hbkomp20.pdf , Zugriff 16.08.1997

Mark Twain Bank; Ecash-Seiten der Mark Twain Bank, http://www.marktwain.com/ectable.html ff., Zugriff 12.08.1997

Pommerening, Klaus; Datenschutz und Datensicherheit, 1996, http://www.uni-mainz.de/~pommeren/DSVorlesung/ ff., Zugriff 25.05.1997,